Jason Reynolds · Ibram X. Kendi

Rassismus, Antirassismus und du

JASON REYNOLDS
IBRAM X. KENDI

RASSISMUS, ANTIRASSISMUS UND DU

Bearbeitet von Sonja Cherry-Paul
Mit Bildern von Rachelle Baker

dtv

›Rassismus, Antirassismus und du‹
ist die Bearbeitung des Buches von Ibram X. Kendi
und Jason Reynolds
›STAMPED. Rassismus und Antirassismus in Amerika‹
für Kinder.

MIX
Papier | Fördert gute Waldnutzung
FSC® C083411

1. Auflage 2022
dtv Verlagsgesellschaft mbH & Co. KG

Titel der Originalausgabe:
›STAMPED (For Kids). Racism, Antiracism, and You‹
Published by Little, Brown and Company, a division of
Hachette Book Group, Inc., USA

Umschlaggestaltung: dtv nach einem Entwurf von Karina Granda/
Hachette Book Group, Inc., 2021
Umschlagillustration: Rachelle Baker, 2021
Gesetzt aus der Calisto
Satz: Gaby Michel, Hamburg
Druck und Bindung: CPI books GmbH, Leck
Printed in Germany · ISBN 978-3-423-64098-5

Für January Hartwell, meinen Ururgroßvater – JR

Für die Leben, die angeblich nicht zählen – IXK

Für Big Ma und Bully, für alles, was ihr gesät habt – SCP

Für Bridgette, meine Mutter, in Liebe – RB

Inhalt

Liebe Leserinnen, liebe Leser,

Ihr fragt euch bestimmt: *Was ist das eigentlich für ein Buch?* Weil ihr daran gewöhnt seid, erfundene Geschichten zu lesen. Märchen, Fantasy-Bücher über Helden und Monster oder Gutenachtgeschichten über vergangene Zeiten, lange bevor ihr geboren wurdet, wo die Leute so komisch geredet haben. Und bestimmt habt ihr auch schon ein paar Sachbücher gelesen. Bücher über das Sonnensystem, coole Tiere wie Wölfe. Oder über historische Ereignisse wie die Französische Revolution oder den Zweiten Weltkrieg. Oder über historische Persönlichkeiten, die den Kampf für Menschenrechte geprägt haben wie Mahatma Gandhi, Nelson Mandela oder Martin Luther King. Wenn ihr solche Bücher über Menschen oder Ereignisse aus der Vergangenheit in der Schule lesen musstet, habt ihr euch vielleicht gefragt: *Und was hat das alles mit mir und meinem Leben heute zu tun?* Na ja, dieses Buch hier handelt von der Vergangenheit, und *trotzdem* ist es direkt mit unserem Alltag verbunden, den wir in genau dieser Sekunde leben.

In diesem Buch werdet ihr vielen Leuten begegnen. Ein paar davon kennt ihr vielleicht schon, aber es könnte sein, dass ihr nach diesem Buch ganz anders über sie denkt.

Und vielleicht werdet ihr sogar euer eigenes Leben etwas anders sehen. Dieses Buch ist nämlich kein Geschichtsbuch. Es ist ein Buch über die Gegenwart. Über das Hier und Heute, über das, was jetzt im Moment gerade passiert. Ein Alltagsbuch sozusagen. Ein Buch, das euch zum Beispiel helfen kann zu verstehen, worum es bei der Black-Lives-Matter-Bewegung eigentlich geht. Ein Buch, das euch hilft zu verstehen, wo wir jetzt gerade stehen, wenn es um Gerechtigkeit und Gleichberechtigung geht, und wie wir dorthin gekommen sind – vor allem, wenn es um das Thema »Rasse« geht.

Oh-oh. Das böse R-Wort. Vielleicht hat man euch gesagt, dass man darüber nicht reden sollte. Oder vielleicht hat man euch auch das Gefühl gegeben, dass ihr das nicht dürft, so, als wäre es ein schlimmes Wort. Aber das ist es nicht. Das sollte es nicht sein. Und das *darf* es auch nicht sein. Deshalb holen wir jetzt alle mal tief Luft. Einatmen. Atem halten. Ausatmen und dabei laut sagen:

R A S S E

Und? War gar nicht so schlimm, oder? Wir werden das ganze Buch hindurch immer wieder kleine Pausen einlegen – um tief durchzuatmen und in uns hineinzuspüren –, während ihr von dieser seltsamen Erfindung namens »Rasse« lest, darüber nachdenkt oder redet. Denn darüber zu reden gehört zu den wichtigsten Fähigkeiten, die ihr lernen könnt. Stellt euch einfach das Coolste vor, das ihr tun könnt, und nehmt das mal zwei. So cool ist es, über

»Rasse« und Rassismus reden zu können. Und mindestens drei Mal so wichtig. Und das ist der Grund dafür:

Erst wenn wir über die Erfindung des Begriffs »Rasse« und seine Bedeutung reden können, wird das Gift des Rassismus verschwinden.

Wenn ihr über »Rasse« lest oder nachdenkt, dann stellt euch dabei ein Seil vor. Manchmal kann ein Seil nämlich eine Rettungsleine sein. Es hilft Kletterern dabei, sich sicher an einer Felswand in die Höhe zu hangeln, und schützt sie davor abzustürzen. Ein Seil kann aber auch eine Waffe sein. Es kann dazu benutzt werden, andere zu fesseln und Schaden anzurichten. Seile können Menschen und Dinge auf eine sehr stabile Weise miteinander verbinden. Zum Beispiel beim Seilspringen im Sommer, wenn sich alle deine Freunde und Freundinnen auf der Straße zum Spielen treffen. Oder bei einer Schaukel, die an einem Klettergerüst oder einem dicken Ast hängt und dich bis in den Himmel fliegen lässt.

Seile können also benutzt werden, um etwas festzubinden, zu fesseln, zu sichern oder zu ziehen.

Wie kommt es, dass Menschen an rassistische oder antirassistische Meinungen gebunden werden? Wer sind diese Leute, die an den verschiedenen Enden des Rassismus-Seils zerren? Wie können rassistische Vorstellungen Menschen gefesselt halten? Und wie können antirassistische Ideen Menschen besser machen?

Wie konnte dieser ganze Wirrwarr überhaupt entstehen? Und wer sind die Menschen, die sich bemühen, dieses Schlamassel wieder zu entwirren?

Behaltet dieses Bild von einem Seil im Kopf und versucht dabei, euch drei Begriffe zu merken. Diese Begriffe beschreiben die unterschiedlichen Leute, die wir in diesem Buch erforschen wollen, und die Meinungen, die sie vertreten:

SEGREGATIONISTEN
ASSIMILATIONISTEN
ANTIRASSISTEN

Es gibt feste Definitionen für diese Begriffe … aber ich will euch hier mit meinen Worten erklären, was sie bedeuten.

Segregationisten sind Hater. Also, *richtige* Hater, voller Hass und Wut. Leute, die andere Leute hassen, weil sie nicht so sind wie sie.

Assimilationisten dagegen sind Leute, die dich *nur dann* mögen, wenn du genauso bist wie sie.

Und dann gibt es noch die Antirassisten. Sie lieben dich so, wie du bist.

Das sind nicht einfach nur drei Worte, die wir verwenden, um die Leute in diesem Buch zu beschreiben. Denn, nicht vergessen, das ist kein Geschichtsbuch über die Vergangenheit. Es ist ein Gegenwartsbuch. Ein Alltagsbuch. Deshalb sind das auch die Begriffe, mit denen wir beschreiben, wer du bist und wer ich bin und wer wir alle sind … jeden Tag.

Dabei werdet ihr feststellen, dass auf die meisten Leute oft nicht nur einer dieser drei Begriffe passt. Es kann gut sein, dass sie jede dieser drei Meinungen glauben und vertreten – manchmal sogar in ein und demselben Satz. Aber was noch wichtiger ist: Menschen können sich ändern.

Das wiederhole ich am besten noch mal:

MENSCHEN KÖNNEN SICH ÄNDERN.

Seit den Anfangstagen der Vereinigten Staaten von Amerika gab es unterschiedliche Ansichten darüber, was Freiheit bedeutet und wem Freiheit zusteht. Diese unterschiedlichen Ansichten waren immer mit dem Thema Rasse verbunden. Deshalb will dieses Buch euch auf eine Rassismusreise mitnehmen, von damals bis heute, mit ein paar Leuten, die hinterher vielleicht neue Helden oder Heldinnen für euch sind. Antirassisten und Antirassistinnen, die uns helfen, uns selbst zu sehen. Die dich lieben, weil du so bist, wie du bist.

Eine letzte Sache noch: Ihr werdet in diesem Buch sehen, dass Geschichten von unterschiedlichen Leuten un-

terschiedlich erzählt werden, je nachdem, was für eine Meinung sie vertreten. Und auf diesen Seiten hört ihr *meine* Stimme, die euch auf dieser Reise begleitet. Aber eines will ich gleich mal klarstellen: Das ist kein Buch über die Meinungen, die ich vertrete. Es ist ein Buch über die Geschichte des Rassismus, von seinen Anfängen in Europa und Amerika, und über dich. Dieses Buch ist voller *Wahrheiten*. Es ist vollgepackt mit *Fakten* über die Entscheidungen, die Leute vor Hunderten von Jahren trafen und die uns an den Punkt geführt haben, an dem wir heute stehen. Über Entscheidungen, die auch heute noch von Menschen getroffen werden.

Also denkt beim Lesen daran, dass ihr in diesem Moment schon am nächsten Kapitel mitschreibt. Eure Entscheidungen, eure Worte, die Art, wie ihr euch selbst und die Menschen um euch herum betrachtet – das alles zählt. *Ihr* zählt. Ich hoffe, ihr glaubt daran, dass die Welt ein guter Ort sein kann, dass Dinge sich ändern können und dass das Wissen über die Geschichte uns hilft, eine bessere und ehrlichere Zukunft zu gestalten. Jeden Tag.

1

Eine riesengroße Lüge

1415–1619

Okay, wo sollen wir loslegen? Springen wir doch direkt rein und fangen mit dem ersten Hater an, der rassistische Überzeugungen beliebt machte. Das ist schon seeehr lange her, damals im Jahr 1415, als die Europäer damit beschäftigt waren, einen Haufen anderer Länder zu erobern. Und nachdem sie eine Gegend erobert hatten, fingen und versklavten sie die Menschen, die dort lebten, als wären sie nur ein paar Reiseandenken.

Damals hatte Sklaverei noch nichts mit Hautfarbe zu tun. Es spielte keine Rolle, wie man aussah, es spielte nur eine Rolle, dass man erobert wurde. Bis so ein Hater kam, ein Mann namens Gomes Eanes de Azurara, und neue Gedanken über die Sklaverei herumposaunte. Neue Gedanken, mit denen die Sklaverei nun *doch* mit der Hautfarbe in Verbindung gebracht wurde. Und dazu noch eine Idee, wie sich mit dem Handel von versklavten Menschen viel Geld verdienen ließ. Aber wie genau hat Azurara das geschafft?

Ganz einfach, indem er Geschichten erzählte.

[Kurze Pause]

Worte sind wichtig. Geschichten sind wichtig. Lügen sind wichtig. Sie beeinflussen, wie wir denken, woran wir glauben und wie wir handeln. Achtet beim Weiterlesen mal darauf, wie Worte, Geschichten und Lügen genau das tun – wie sie beeinflussen, wie wir über Menschen und Hautfarben denken … und wie wir dementsprechend handeln.

Azurara schrieb ein Buch, eine Biografie über das Leben und den Sklavenhandel seines Chefs, Prinz Heinrich von Portugal. Azurara gehörte zwar *nicht* zu denen, die Afrikaner versklavten oder misshandelten. Tatsächlich spielte er dabei eher eine Nebenrolle. Aber er hat eben diese Geschichte geschrieben und dadurch die Regeln bestimmt. Und er hat die Geschichte – sein wirklich schlimmes Märchen – dazu benutzt, um Prinz Heinrich als guten Menschen darzustellen. Als wäre Heinrichs Wunsch, afrikanische Menschen zu entführen und zu versklaven, eine gute Tat und kein grausames Verbrechen.

Wenn Azurara davon sprach, Menschen zu besitzen, klang es so, als wären sie ein Paar coole Sneaker. Allerdings beschrieb er die Afrikaner als »wilde Tiere«, die gezähmt werden müssten, und so würden wir doch *niemals* über Sneaker reden, oder? Also hat er sie vielleicht als Schnürstiefel gesehen. Glänzende schwarze Lederschuhe, die so lange eingetragen werden müssen, bis sie weich geworden sind und nicht mehr drücken an den Füßen. Und, schlimmer noch, er behauptete, Afrikaner zu versklaven, wäre ein Auftrag von Gott. Gott? Echt jetzt? Und dass es die Pflicht der Europäer wäre, sie zu zivilisieren und zu zähmen – ihnen das Christentum beizubringen, um ihre verlorenen Seelen zu retten. Und mit der Zeit überzeugten diese rassistischen Lügen sogar ein paar afrikanische Menschen davon, dass sie nicht so gut wie Weiße Menschen wären.

Azurara war der Erste, der in seinen Schriften behauptete und verteidigte, dass *Schwarze* Menschen Eigentum wären. Sein Buch, das ein echter Bestseller wurde, pflanzte falsche, anti-Schwarze rassistische Überzeugungen in viele europäische Köpfe ein. Und es dauerte nicht lange, bis diese Überzeugungen sich überall verbreiteten und festsetzten.

Nach Azuraras unsinnigen Lügen folgten andere Europäer seinen rassistischen Fußstapfen, um ihre eigenen rassistischen Ansichten zu verbreiten und die Sklaverei zu rechtfertigen. Nachmacher. Ein paar fanden, Afrikaner wären minderwertig und keine richtigen Menschen und hätten nur deshalb eine dunkle Haut, weil das Wetter in Afrika so heiß sei. Würden sie in kälteren Regionen leben, würden sie auch Weiß werden. Wie lächerlich! Ein englischer Schriftsteller behauptete, die schwarze Hautfarbe sei ein Fluch von Gott. Genauso lächerlich! Andere absurde Theorien besagten, eben weil die Afrikaner »verflucht« seien, müssten sie versklavt werden, damit dieser Fluch aufgehoben würde. Außerdem wurde behauptet, dass zwischen versklavten Menschen und ihren Sklavenhaltern eine liebevolle und freundliche Beziehung bestehen würde – ungefähr so wie zwischen Eltern und Kindern. Und das ist nun WIRKLICH total lächerlich! Diese Aussagen waren Versuche, ein falsches Bild von den schrecklichen Erfahrungen zu zeichnen, die Menschen durch die Sklaverei erlitten. Und alles nur, damit die Weißen Sklavenhalter sich besser dabei fühlten, wenn sie Schwarze Menschen versklavten.

Und als die Europäer dann loszogen und das Land eroberten, das sie später Amerika nennen sollten, nahmen sie all diese lächerlichen, dummen und verrückten Ansichten mit.

2

Gestohlenes Land, gestohlene Leben

1619 – 1688

Im Jahr 1619 traf das erste Schiff mit versklavten afrikanischen Menschen an Bord im neu kolonisierten Amerika ein. Amerika begrüßte die Sklaverei mit offenen Armen und nutzte sie aus, um das neue Land aufzubauen.

Jahre vergingen. Immer mehr Europäer trafen ein, die selbst vor Hatern flüchteten und nach Freiheit und Chancen suchten. Ein paar dieser Neuankömmlinge waren Missionare, gläubige Menschen, die ihre Religion verbreiten wollten. Darunter waren auch puritanische Priester, die sehr strenge religiöse Regeln befolgten. Nach ihrer Ankunft in Amerika bauten sie Kirchen und Schulen, in denen sie ihre Meinung verbreiteten: nämlich, dass sie besser wären als Leute, die keine Puritaner waren, und noch viiiel besser als amerikanische Ureinwohner und afrikanische Menschen. Sie predigten diese Ansichten in ihren Kirchen und Schulen, was zusammen mit Azuraras Vorstellungen und anderen Ansichten dazu beitrug, die Sklaverei für sehr, sehr lange Zeit zu rechtfertigen – weil diese Überzeugungen eben über die Kirchen und Schulen verbreitet wurden, die früher wiederum so was wie der Speck und die Eier für die Leute waren. Oder vielleicht das Brot und der Käse? Das Fleisch und die Kartoffeln? Ach, ihr wisst schon, was ich damit sagen will: Was in den Kirchen und Schulen gesagt wurde, das glaubten die Siedler damals eben.

Die Amerikaner verhielten sich ein bisschen so, als würden sie eines dieser Computerspiele spielen, in dem man eine neue Welt aufbauen muss. Nur war das eben komplett rassistisch. Weil – die amerikanischen Ureinwohner hatten ja schon eine Welt gebaut. Aber ein soziales Netzwerk aus Farmern und Missionaren eroberte diese Welt der Ureinwohner mit Gewalt und riss sich das Land unter den Nagel.

Und was machten sie mit dem Land? Sie pflanzten und ernteten Tabak darauf. Tabak ist keine große Pflanze, aber sie bringt eine Menge Geld. Reiche Europäer zahlten große Summen für Tabak zum Rauchen oder zum Schnupfen. Aber wenn der Tabak wirklich richtig Geld bringen und zu dem Rohstoff werden sollte, der das Land voranbrachte, dann brauchten die Tabakbauern noch mehr *menschliche* Rohstoffe, um ihn anzubauen.

Seht ihr, worauf das hinausläuft? Genau, Sklaverei.

Aber wie schon gesagt, Amerika war damals voller Kirchenleute und Farmer. Und die neu versklavten Afrikaner verursachten zwischen den beiden ein bisschen Streit. Für die Farmer bedeutete die Sklaverei, dass sie die Leute nicht mehr für die Arbeit auf den Feldern bezahlen mussten, und dadurch sparten sie eine Menge Geld. Für die Missionare bedeutete die Sklaverei, dass es zahllose neue Seelen gab, die sie zu ihrer Art des Christentums bekehren konnten. Die Bauern wollten also ihre Gewinne vergrößern und die Missionare ihre Gemeinden.

Niemand scherte sich darum, was die versklavten Afrikaner wollten, aber ich wette darauf, dass sie keine große Lust auf die Religion ihrer Sklavenhalter hatten. Und sie wollten ganz bestimmt nicht versklavt sein.

Ein paar Sklavenhalter widersetzten sich dem Druck der Missionare, die versklavten Afrikaner zu bekehren. Sie scherten sich nicht darum, »Seelen zu retten«; sie wollten ihre Ernte retten und noch mehr Geld verdienen. Viele Sklavenhalter fürchteten sogar, sie könnten Sklaven nicht mehr versklaven, wenn diese die gleiche Religion hätten wie sie. Deshalb erfanden sie rassistische Ausreden, warum versklavte Afrikaner nicht bekehrt werden dürften. Zum Beispiel, weil sie angeblich wild und unmenschlich wären. Nicht wert, geliebt zu werden. Noch nicht mal von Gott.

3

Menschen sind kein Besitz

1688 – 1772

Viele andere Europäer führten Azuraras Tradition fort, schlimme Dinge über Afrikaner zu schreiben – sie benutzten Worte, um das Denken und die Taten der Menschen zu beeinflussen. Ein britischer Geistlicher namens Richard Baxter behauptete, die Sklaverei würde den afrikanischen Menschen helfen. Und dass viele Afrikaner versklavt werden *wollten*, um getauft zu werden. Ein englischer Philosoph namens John Locke erklärte, Weiße Menschen hätten den reinsten und perfektesten Verstand. Der italienische Philosoph Lucilio Vanini behauptete, Afrikaner seien eine völlig andere Gattung als Weiße Menschen. Eine Menge Leute behaupteten also eine Menge Unfug über Afrikaner, nur um die Sklaverei zu rechtfertigen.

[Kurze Pause]

Ich weiß, wir reden ganz schön viel davon, wie die Leute sich bemüht haben, die Sklaverei zu rechtfertigen, aber es ist wichtig (extrem wichtig!) zu wissen, dass es die ganze Zeit über auch Menschen gab, die gegen diese rassistischen Vorstellungen ankämpften. Die für Freiheit waren und die Sklaverei abschaffen wollten. Diese Leute nannte man auch **Abolitionisten**. Mitglieder einer christlichen Gruppierung brachten eine Anti-Sklaverei-Petition in Umlauf, in der stand, es sei genauso schlimm, Menschen wegen ihrer Hautfarbe grausam zu unterdrücken wie wegen ihrer Religion. Beide Arten von Unterdrückung seien falsch. Diese Petition aus dem Jahr 1688 war das erste antirassistische Schriftstück unter den europäischen Kolonialherren in Amerika.

Aber rassistische Denkweisen lassen sich wie verhedderte Seile nur schwer entwirren.

Denkt daran, wie man mit einem Seil Dinge zusammenbinden kann. Und jetzt denkt daran, womit rassistische Vorstellungen bisher verknüpft waren:
Mit Hautfarbe. Mit Geld.
Mit Religion. Mit Land.

In Amerika machten sich reiche Weiße Landbesitzer Sorgen, dass sich arme Weiße Menschen, die kein Land besaßen, mit den Ureinwohnern und den versklavten Afrikanern verbünden könnten, um ihre Lebensbedingungen zu verbessern. Und weil die Landbesitzer noch mehr Land bekommen wollten und damit noch mehr Geld und noch mehr Macht, beschlossen sie, dass es gut wäre, wenn die armen Weißen – also, eigentlich *alle* Weißen – das Gefühl hätten, auf der gleichen Seite zu stehen und etwas Besonderes zu sein. Aber wie sollten sie das anstellen? Ganz einfach. Indem beschlossen wurde, dass alle Weißen Menschen *Privilegien* bekommen sollten – also Vorteile und Schutz nur dafür, dass sie Weiß waren – egal, wie wenig oder wie viel Geld sie besaßen. Alle Weißen Menschen sollten als etwas Besonderes behandelt und angesehen werden, als bessere Menschen als Nicht-Weiße, und sie sollten das Recht haben, afrikanische Menschen nach Belieben zu bestrafen und zu misshandeln.

Weil aber mittlerweile so viele Sklaven ohne Bezahlung auf den Feldern schufteten, fürchteten die Sklavenhalter einen Aufstand. Eine Rebellion. Deshalb dachten sie sich eine Reihe von rassistischen Vorschriften aus, zum Beispiel Gesetze, die Schwarzen Menschen verboten, Weiße zu heiraten oder dort hinzugehen, wohin sie wollten und wann sie wollten, und die sie von einflussreichen Positionen fernhielten.

Aber was war die wichtigste Vorschrift? Diejenige, die dafür sorgte, dass die Sklaverei dauerhaft Bestand hatte? Ganz einfach: Man behandelt Sklaven wie Besitz. Etwas, das man kauft und das einem gehört. Wie Pferde oder Schweine. Und nicht wie Menschen. Und ganz sicher nicht wie Menschen, die Verstand haben.

JUNGE SCHWARZE DICHTERIN

Phillis Wheatley war schon ein #BlackGirlMagic, bevor es so was wie Hashtags überhaupt gab. Sie fügte Worte und Zeilen zusammen und schuf Verse, die sich reimten – eine Dichterin in einer Zeit, als so etwas für ein Schwarzes Mädchen so gut wie unmöglich war. Sie war die erste afroamerikanische Frau, die ein Buch veröffentlichte.

Wheatley war als junges Mädchen gefangen und nach Amerika verschleppt worden. Dort wurde sie von der Familie Wheatley gekauft, die sie von einem Hauslehrer unterrichten ließ. Mit elf hatte sie ihr erstes Gedicht geschrieben. Mit zwölf konnte sie griechische und lateinische Klassiker lesen, englische Literatur und die Bibel. Mit vierzehn veröffentlichte sie ihr erstes Gedicht. Mit neunzehn hatte sie so viele Gedichte geschrieben, dass sie sie zu einem Buch zusammenstellte. Wheatley widerlegte die Überzeugung, Schwarze Menschen wären nicht intelligent, und stellte diese rassistische Behauptung komplett auf den Kopf. Sie war so klug und kreativ, dass die Weißen Leute es einfach nicht fassen konnten!

Viele Weiße Menschen glaubten an diese lächerliche rassistische Vorstellung, dass versklavte Schwarze Menschen unmöglich klug sein könnten. Da behauptete ein Arzt, der gegen Sklaverei war, Phillis Wheatley sei der Beweis dafür, dass Schwarze nicht als Wilde geboren, sondern durch Sklaverei so *gemacht* würden. O-oh! Seht ihr das Problem? Dahinter versteckt sich immer noch der Gedanke, Schwarze wären keine richtigen Menschen! Und das ist rassistisch. Und es ist assimilationistisch, die Klugheit und die Kreativität versklavter Afrikaner einfach zu ignorieren und zu behaupten, dass ein Schwarzer Mensch so wie Phillis Wheatley sein müsste (die von Weißen Menschen und wie Weiße unterrichtet worden war), um als intelligent angesehen zu werden.

Merkt euch also: Jede Meinung, die behauptet, etwas an einer ethnischen Gruppe wäre falsch oder richtig, überlegen oder unterlegen, besser oder schlechter, ist rassistisch. Eine antirassistische Meinung ist eine Meinung, die sagt, dass alle ethnischen Gruppen gleich gut sind.

Und das bringt uns wieder zu Wheatley: Eine junge Schwarze Dichterin zu sein, in einer Zeit, wo Gedichte nur für und von reichen Weißen Leuten geschrieben wurden, bedeutete, dass keiner ihr Buch veröffentlichen würde. Zumindest nicht in Amerika.

Die Briten brachten Wheatleys Werk schließlich heraus. Und sie nutzten ihre Gedichte – ihre Klugheit – dazu, um über die amerikanische Sklaverei die Nase zu rümpfen. In Großbritannien war die Sklaverei nämlich schon abgeschafft. Und weil die Briten über Amerika bestimmten, war es nur eine Frage der Zeit, bis die britische Regierung die Sklaverei auch in ihren amerikanischen Kolonien verbieten würde.

Aber die Sklaverei war nun mal Amerikas Gelddruck-Maschine. Sie lieferte kostenlose Arbeitskräfte, um Produkte herzustellen, die Amerikas Wachstum förderten, was wiederum den Weißen Amerikanern Geld, Geld und noch mehr Geld einbrachte. Und damit die Weißen kein schlechtes Gewissen haben mussten, wenn sie weiter Sklaven hielten, wollten sie sich ein für alle Mal von der britischen Herrschaft befreien.

4

Die fehlerhaften Gründerväter

1776 – 1787

Wenn man sich die Geschichte des Rassismus anschaut, stellt man fest, dass einige der beteiligten Personen ziemlich große Fehler hatten, rassistische Meinungen vertraten und rassistische Dinge taten. Darunter sind auch Personen, die in den Lehrbüchern über amerikanische Geschichte eher als Helden dargestellt werden. Es ist wichtig, genau hinzugucken. Aber hey, es ist nun mal nicht leicht, ein Wahrheitssucher zu sein.

Es ist nämlich so: Die Wahrheit über die Vergangenheit zu kennen, hilft euch dabei, die Wahrheit über das Heute zu verstehen und bessere Entscheidungen zu treffen. Es hilft euch, rassistische Ansichten abzuschütteln und antirassistische anzunehmen.

Und das bringt uns zu Thomas Jefferson.

Im Jahr 1776 verdoppelte Amerika seine Bemühungen, Menschen als Besitz zu betrachten, aber gleichzeitig hatte es keine Lust, selbst der Besitz von Großbritannien zu sein. Eigentlich ein ziemlicher Widerspruch, oder? Und wenn wir schon bei Widersprüchen sind: Keiner benahm sich so wischiwaschi wie Thomas Jefferson. Vielleicht habt ihr seinen Namen ja schon mal irgendwo gehört. Er ist der Typ, der die Unabhängigkeitserklärung geschrieben hat, Amerikas berühmtes Freiheitsdokument, in dem es heißt, dass »alle Menschen gleich geschaffen sind«. Aber zählten Sklaven überhaupt als Menschen? Und was war mit den Frauen? Meinte er Freiheit für jeden oder nur, dass sich Amerika von Großbritannien befreite? Und was hatte es zu bedeuten, dass die antirassistischen Abschnitte der Erklärung, in denen Jefferson die Sklaverei als einen »grausamen Krieg gegen die menschliche Natur« bezeichnete, aus der endgültigen Fassung gestrichen wurden?

Das ist alles so verwirrend, dass sich einem der Kopf dreht! Tatsächlich waren Jeffersons Gedanken, wenn es um Schwarze Menschen ging, häufig ziemlich wirr. Der Mann, der Amerikas Freiheitsdokument verfasst hatte, besaß selbst im Lauf seines Lebens mehr als sechshundert Sklaven und schrieb ein Buch, in dem er sagte, Schwarze Menschen seien weniger wert als Weiße. Seine Taten und seine Ansichten waren rassistisch. Die meisten der Gründerväter – das waren die Anführer, die bestimmten, wie Amerika als Staat regiert werden sollte – besaßen Sklaven und vertraten rassistische Gedanken, während sie gleichzeitig um ihre Freiheit von Großbritannien kämpften.

Irgendwann, nach jahrelangem Kampf gegen die Briten, befreiten sich die Amerikaner tatsächlich von der britischen Herrschaft. Weil das Land nach dem Unabhängigkeitskrieg eine stärkere Regierung brauchte, schrieben die

Gründerväter eine neue Verfassung. Und ratet mal, was direkt in diese Verfassung eingebrannt wurde? Rassistische Überzeugungen.

Hier ein Beispiel: Die Gründerväter wollten festlegen, wie viel Einfluss jeder einzelne Bundesstaat in der Regierung haben sollte. Das nennt man Repräsentation.

Sie entschieden, dass die Anzahl der Leute, die einen Staat vertraten, darauf beruhen sollte, wie viele Menschen in diesem Staat lebten. Den größeren Staaten mit mehr Menschen gefiel das natürlich gut, weil sie mehr Macht in der Regierung haben wollten. Stellt euch vor, die Klasse mit den meisten Schülern darf aussuchen, was es in der Mensa zum Mittagessen gibt. Ihr wünscht euch Pommes, aber die größere Klasse sagt, nö, wir essen aber Pizza! Das würde euch nicht sehr schmecken, oder? Na ja, und so ging es den kleineren Staaten auch. Sie sorgten sich, weil sie das Gefühl hatten, ihre Wünsche würden nicht beachtet.

Und was war mit den Staaten im Süden, in denen mehr Sklaven lebten als in den nördlichen Staaten? Wenn Sklaven auch als Menschen zählten, hätten die südlichen Staaten deutlich mehr Einfluss in der Regierung. Das durchschauten die nördlichen Staaten natürlich sofort. Wenn Sklaven »Besitz« waren und wie Eigentum behandelt wurden, warum sollten sie dann plötzlich als Menschen gezählt werden?

Die Gründerväter entschieden sich deshalb für einen Kompromiss. Und diese Vereinbarung drehte sich um … einen Bruchteil. Jede versklavte Person würde NICHT als vollständige Person zählen, sondern nur als drei Fünftel von einer Person. Fünf Sklaven sollten also so viel zählen wie drei Weiße Menschen.

Die Südstaaten stimmten diesem Kompromiss zu, weil sie trotzdem ein bisschen mehr Repräsentation und Macht in der Regierung bekommen würden. Die Nordstaaten stimmten zu, weil die Südstaaten dadurch, dass Sklaven nicht als ganze Menschen zählten, etwas *weniger* Macht bekamen. Assimilationisten und Segregationisten waren zufrieden, weil es perfekt zu dem Argument passte, dass Schwarze keine gleichwertigen Menschen waren. (Pommes und Pizza … und Rassismus für alle!)

Hier wurde also Mathematik als Waffe gegen Schwarze Menschen eingesetzt. Und genau diese Vereinbarung führte am Ende dazu, dass Sklaverei und rassistische Überzeugungen dauerhaft in der amerikanischen Verfassung verankert wurden.

[Kurze Pause]

Während viele Leute versuchten, die Sklaverei zu rechtfertigen, gab es auch Menschen, die dagegen kämpften. Die rassistischen Stimmen waren stärker als die antirassistischen. Aber Schwarze Menschen haben schon immer Widerstand geleistet und gegen rassistische Meinungen gekämpft. Merkt euch das.

5

Widerstand

1790 – 1804

Überall im Süden flohen versklavte Menschen in die freien Staaten im Norden, sobald sich ihnen die Gelegenheit bot.

Ein paar Abolitionisten, die gegen Sklaverei waren, drängten Schwarze, die der Sklaverei entkommen waren, so zu leben und sich so zu benehmen, dass sie von Weißen akzeptiert werden konnten. Zum Beispiel forderten sie, Schwarze sollten regelmäßig in die Kirche gehen, »richtiges« Englisch sprechen lernen, ein Handwerk erlernen und heiraten – alles nur, um den Weißen zu beweisen, dass die Klischees über Schwarze falsch waren.

[Kurze Pause]

Schwarze wurden aufgefordert, nicht so zu sein, wie sie waren, sondern sich zu ändern, damit sie dem Bild der Weißen von einem zivilisierten Menschen entsprachen. Und das ist rassistisch. Denn diese Leute sagten damit *eigentlich*, dass Schwarze Menschen sich kleinmachen sollten und harmlos, leise und demütig sein, Mitläufer

eben, damit sie von den Weißen Menschen in Ruhe gelassen würden. Und genau darauf gründet sich das assimilationistische Denken – Schwarze Menschen sollen sich so benehmen, dass Weiße Menschen sich von ihnen nicht gestört fühlen.
Merkt euch das.

Sklaven wollten Freiheit und waren bereit, dafür ihr Leben zu riskieren. Und der Kampf um Freiheit fand nicht nur in Amerika statt, sondern auch in anderen Ländern. In Haiti zum Beispiel.

Frankreich war genau wie England ein europäisches Land, das andere Länder auf der Welt erobert hatte. Darunter auch Haiti. Im Jahr 1791 wehrten sich die Schwarzen Menschen dort. Fast eine halbe Million versklavter Afrikaner erhoben sich in Haiti und kämpften gegen die Franzosen. Und sie *gewannen*! Und wegen diesem Sieg wurde Haiti – und nicht die Vereinigten Staaten – zum Symbol der Freiheit. Und das jagte den ganzen amerikanischen Sklavenhaltern eine Riesenangst ein. Sie wussten, dass die haitianische Revolution die Sklaven in Amerika auf die Idee bringen würde, sich ebenfalls zu wehren. Angespornt von der haitianischen Revolution suchten versklavte Menschen in den Vereinigten Staaten weiterhin nach Wegen, um zu fliehen oder zu rebellieren. Für die Freiheit. Verbündete wurden angeworben. Darunter waren auch Weiße, Ureinwohner,

Methodisten und Quäker. Antirassisten jeder Farbe und Religion wurden für den Kampf um Freiheit benötigt.

Sie waren wichtiger als Assimilationisten – sogar als Schwarze Assimilationisten.

Zum Beispiel planten mehrere Tausend Sklaven und Verbündete eine Rebellion, die fast zum größten Sklavenaufstand in der Geschichte Nordamerikas geworden wäre. Ihr Anführer war ein versklavter Schmied namens Gabriel Prosser. Er plante eine Revolte, bei der die versklavten Menschen befreit und die Sklavenhalter getötet werden sollten. Im Namen der Freiheit. Doch seine Pläne wurden von zwei Sklaven verraten, die mehr an ihren Sklavenhaltern hingen als an der Hoffnung, endlich befreit zu werden.

Diese gescheiterte Rebellion machte den Sklavenhaltern Angst. Sie fürchteten, sie könnten als Nächstes dran sein und dann nicht rechtzeitig gewarnt werden. Und was taten sie deshalb? Ihr ahnt es bestimmt schon: Die Sklavenhalter dachten sich noch mehr rassistische Strategien aus, um Weiße Leben zu schützen.

6

Worte – aber keine Taten

1801–1826

Als Thomas Jefferson 1801 zum Präsidenten gewählt wurde, gab es viel Gerede und Diskussionen darüber, wie es mit der Sklaverei weitergehen sollte. Weiße Assimilationisten kamen mit der Idee, Schwarze Menschen sollten »zurück« nach Afrika oder in die Karibik gehen. Aber die Schwarzen wollten nicht an einen Ort »zurück«, den viele gar nicht kannten. Ihre Vorfahren waren schon vor langer Zeit aus Afrika nach Nordamerika verschleppt worden, und viele Generationen von Schwarzen Menschen waren dort zur Welt gekommen. Sie hatten Amerika mit ihrer Sklavenarbeit aufgebaut und wollten nun endlich das haben, was man ihnen dafür schuldig war. Freiheit, und zwar in dem Land, das sie aufgebaut hatten. Amerika war nun *ihr* Land.

[Kurze Pause]

Versteht ihr jetzt, wie die rassistischen Vorstellungen von heute mit den rassistischen Vorstellungen der Vergangenheit verbunden sind? Der Satz »Dann geh doch dahin zurück, wo du hergekommen bist!«, den Schwarze und Braune Menschen heute noch manchmal zu hören bekommen, bezieht sich auf diese »Zurückgehen«-Idee aus der Vergangenheit. Und die könnt ihr jetzt direkt bis zu Thomas Jefferson zurückverfolgen. (Und bestimmt haben sich die Ureinwohner und die Schwarzen genau das Gleiche für ihre Weißen Unterdrücker gewünscht: Warum können wir die Weißen Menschen nicht einfach »zurück« nach Europa schicken?)

Präsident Jefferson reagierte auf diese Diskussion, indem er politische Maßnahmen in die Wege leitete, von denen er meinte, sie könnten dazu führen, die Sklaverei zu beenden. Denkt daran, dass Jeffersons Ansichten über Schwarze Menschen sehr verwirrend waren. Und wenn es um Sklaverei ging, passten seine Worte nicht zu seinen Taten.

Sie klangen oft nur so, als wäre er gegen Sklaverei.

In der Unabhängigkeitserklärung schrieb er, dass »alle Menschen gleich geschaffen sind«. Er sagte auch, er wolle die versklavten Menschen »zurück« nach Afrika schicken, damit sie dort frei wären. Und er entschuldigte sich für die Sklaverei und sagte, sie sei falsch.

Doch was er *tat*, zeigte, dass er *für* Sklavenhaltung war.

Er versklavte Hunderte von Menschen, weil er meinte, er *brauche* ihre Arbeit, um seine Plantage zu bewirtschaften. Und er ließ nur sehr wenige von ihnen frei.

Diese Widersprüche sind verwirrend, aber eines ist klar: Die Sklaverei war das entscheidende Thema bei vielen Entscheidungen, die Jefferson als Präsident traf. Er mochte in seinem Leben ein Segregationist und ein Assimilationist gewesen sein, aber ein Antirassist war er nie.

Während also Weiße Menschen weiter überall in Nordamerika Land von den Ureinwohnern raubten, trafen die Politiker Entscheidungen darüber, ob in diesen neuen Territorien oder Staaten Sklaverei erlaubt sein sollte oder nicht. Und meistens lautete die Antwort: Ja. Das Land wurde immer größer, und die Diskussionen darüber, die Sklaverei abzuschaffen und versklavte Menschen »zurück« zu schicken, wurden immer leiser.

Weil mit Sklaven einfach zu viel Geld verdient werden konnte. Und die Sklavenhalter waren nicht bereit, darauf zu verzichten und endlich das Richtige zu tun. So einfach war das.

7

Worte zählen

1831 – 1852

Worte sind wichtig; sie beeinflussen, was wir denken und wie wir handeln.

Kein Wunder also, dass die unterschiedlichen Ansichten über Schwarze Menschen und Sklaverei weiterhin durch geschriebene Worte verbreitet wurden. In den meisten dieser Texte ging es darum, dass Schwarze Menschen »schlechter« und Weiße Menschen »besser« wären. Aber es gab auch andere Beispiele.

Nehmen wir William Lloyd Garrison. Er war ein Weißer Abolitionist, der im Jahr 1831 eine Zeitung gründete, inspiriert von Schwarzen Abolitionisten in Boston wie Maria Stewart und David Walker. Er fand nämlich wie sie, dass Schwarze Menschen möglichst sofort ihre Freiheit bekommen sollten. (Ja!)

Aber seine Vorschläge waren, dass Schwarze Menschen beweisen sollten, dass sie genauso gut waren wie Weiße, damit diese dann *irgendwann* ihre Existenz akzeptieren konnten. (Nein!) Was er glaubte, war also: »Freiheit gerne schon heute, aber Gleichheit bitte erst später, wenn die

Weißen Menschen sicher sind, dass ihr es auch verdient habt, gleich zu sein, weil es dazu nicht genügt, einfach nur ein Mensch zu sein.«

Aber Schwarze Menschen sollten Weiße nicht davon überzeugen müssen, dass sie gleich sind! Garrisons Vorstellungen von Freiheit waren an bestimmte Bedingungen geknüpft, die Schwarze Menschen seiner Meinung nach erfüllen sollten. Im Jahr 1835 teilte Garrison seine Gedanken über Schwarze Menschen und ihre Freiheit mit der Öffentlichkeit. Er und andere, die sich ihm angeschlossen hatten, nutzten die neue Technik des Massendrucks und die Post, um das ganze Land mit zwanzig- bis fünfzigtausend abolitionistischen Flugblättern pro Woche zu überschwemmen. Bis Jahresende kamen so eine Million Flugblätter gegen die Sklaverei zusammen.

Im Jahr 1845 entwickelte sich dann eine neue Erzählweise. Anstatt einfach nur Gedanken und Meinungen über die Sklaverei zum Ausdruck zu bringen, beschrieben diese Geschichten, wie schlimm es war, Sklave zu sein. Zum Beispiel das Buch von Frederick Douglass, einem ehemaligen Sklaven.

Es hieß *Sklaverei und Freiheit*: Die Autobiografie von Frederick Douglass und wurde mit Garrisons Hilfe veröffentlicht. Es war ein Riesenerfolg! Und es wurde eine wichtige Waffe, um gegen die Vorstellung anzukämpfen, dass Schwarze Menschen minderwertig seien. Doch Douglass war ein entflohener Sklave, und sein Buch machte ihn so bekannt, dass er Angst haben musste, geschnappt zu werden. Obwohl er nach Großbritannien fliehen und seine Anti-Sklaverei-Botschaft von dort aus weiterverbreiten musste, waren seine Worte und seine Botschaft ein Glücksfall für die Menschen, die für die Abschaffung der Sklaverei in Amerika kämpften.

Doch Douglass war nicht der Einzige, der beschrieb, wie es war, versklavt zu sein. Die Lebensgeschichte von Sojourner Truth, einer ehemaligen Sklavin, war ein anderes Beispiel dafür. Es gab zwar auch Sklavinnen und Sklavenhalterinnen, trotzdem kamen Frauen in dieser Diskussion nicht vor. Bis zu diesem Buch. Sojourner Truth war mutig. Ihr machte es nichts aus, sich vor eine Versammlung Weißer zu stellen und zu verkünden, dass sie auch ein Mensch war. Sie war eine Frau, die mit ihren antirassistischen Überzeugungen die gesamte Menschheit besser machen wollte.

Auch Weiße Menschen schrieben Geschichten über die Sklaverei. Ein Roman mit dem Titel *Onkel Toms Hütte* wurde zu einem der erfolgreichsten Bücher aller Zeiten. Die Autorin, eine Abolitionistin namens Harriet Beecher Stowe, beschreibt darin die Geschichte eines Sklaven, der sich mit einem jungen Weißen Mädchen anfreundet und der selbst dann noch an seinem christlichen Glauben festhält, als er grausam misshandelt wird. Das Buch war Stowes Versuch, mithilfe von Literatur die Ansichten von Weißen Menschen über Sklaverei zu verändern. Ihnen zu zeigen, wie brutal die Sklaverei war. Trotzdem steckten jede Menge rassistischer Vorurteile in dieser Geschichte. Und auch wenn der Roman viele Leser dazu brachte, sich der abolitionistischen Bewegung anzuschließen, förderte er gleichzeitig die Vorstellung, dass Schwarze Menschen nicht so klug oder menschlich sein könnten wie Weiße.

Während Bücher und Überzeugungen, die gegen Sklaverei waren, immer beliebter wurden, verbreiteten die Weißen, die für Sklaverei waren, noch mehr Hass. Sie benutzten Literatur und Geschichten als rassistische Waffen, indem sie Sklavenhalter als »Wohltäter« darstellten. Und genau so, wie sie in der Vergangenheit die Mathematik als rassistische Waffe eingesetzt hatten, benutzten sie nun auch die Wissenschaft. Auch wenn es eine falsche Wissenschaft war.

Jep, selbst Wissenschaftler dachten rassistisch und versuchten, die Sklaverei zu rechtfertigen. Ein Wissenschaftler behauptete zum Beispiel, Weiße Menschen hätten größere Schädel als Schwarze und seien deshalb intelligenter. In einer Studie wurde gesagt, freigelassene Schwarze Menschen hätten mehr psychische Probleme als Sklaven. Und Menschen mit einem Weißen und einem Schwarzen Elternteil hätten eine kürzere Lebenserwartung als Weiße. Nichts davon stimmte natürlich! Aber diese rassistischen Lügen tarnten sich als »Wissenschaft« und wurden benutzt, um falsche Vorstellungen über Schwarze Menschen in die Welt zu setzen und zu verbreiten. Alles nur, um die Vormachtstellung der Weißen und die Sklaverei zu rechtfertigen. Und um jeden Gedanken an Freiheit zu zerschlagen.

Bald jedoch tauchte ein neuer politischer Anführer auf und schaltete sich in die Debatte um die Sklaverei mit ein: Abraham Lincoln.

8

Krieg um Sklaverei

1858 – 1867

Abraham Lincoln war der 16. Präsident der Vereinigten Staaten von Amerika und der erste Republikaner in diesem Amt. Wenn man Kinder in Amerika nach ihm fragt, fallen ihnen meistens diese Punkte ein:

* Er war sehr groß.
* Er trug einen großen schwarzen Hut.
* Er wird »der ehrliche Abe« genannt.
* Er hat »die Sklaven befreit«.

Also, ganz so einfach ist es natürlich nicht. Ist ja meistens so. Menschen sind kompliziert und haben Fehler. Denkt nur daran, wie Thomas Jefferson sagte, dass »alle Menschen gleich geschaffen sind«. Und gleichzeitig war er ein Sklavenhalter, der rassistische Gedanken aufschrieb. Auch Abraham Lincoln hat eine Menge widersprüchliche Sachen gesagt. Wie ein Papierdrachen trieb er in verschiedene Richtungen, je nachdem, woher der Wind kam.

Bei ihm war es ein bisschen so wie bei euch, wenn ihr

euch etwas sehr, sehr wünscht. Einen Hund. Ein neues Handy. Oder ein neues Computerspiel. Damit euch dieser Wunsch erfüllt wird, habt ihr vielleicht einem Erwachsenen ein Versprechen gegeben. Zum Beispiel: »Ich verspreche auch, dass ich jeden Tag mit dem Hund Gassi gehe! Sogar zwei Mal!« Man verspricht so was, obwohl man selbst nicht wirklich daran glaubt, dass man dieses Versprechen auch halten wird. Man denkt eben einfach: *Was muss ich sagen, um das zu bekommen, was ich mir so sehr wünsche?* So ähnlich war es auch bei Lincoln. Nur dass es bei seinen Versprechen um das Leben von Menschen ging.

Bevor er Präsident wurde, versuchte Lincoln nämlich, zum Senator gewählt zu werden, indem er gegen die Sklaverei war, *ohne* wirklich antirassistisch zu sein. Und das klang ungefähr so:

Lincoln sagte, er wolle die Sklaverei beenden. Toll!

Lincoln sagte, er finde nicht, dass Schwarze Menschen genau gleich wie Weiße behandelt werden sollten. Nicht so toll.

Lincoln sagte, die Sklaverei solle abgeschafft werden, weil es schlecht für arme Weiße Menschen wäre, wenn es kostenlose Arbeitskräfte gab. Denn arme Weiße, die sich keine eigenen Sklaven leisten konnten, brauchten selbst Arbeit, um Geld zu verdienen. Aber wie sollten sie einen Job finden, wenn niemand ihre Arbeitskraft brauchte, weil es ja Sklaven gab? Lincoln wollte die Sklaverei also nicht deswegen abschaffen, weil sie so brutal und grausam war. Er wollte sie abschaffen, um armen Weißen zu helfen, Arbeit zu finden und Geld zu verdienen.

Nur – die Sklavenhalter überzeugte das nicht. Sie hatten natürlich kein Interesse daran, dass die Sklaverei abgeschafft wurde. Sie wollten reich bleiben. Und weil sie so mächtig waren, verlor Lincoln die Wahl zum Senator.

Um Präsident zu werden, dachte Lincoln sich deshalb was anderes aus. Er versprach etwas, das die Rassisten dazu bringen sollte, ihn zu wählen. Und was war das? Er versprach, dass er mit dem Gerede über die Abschaffung der Sklaverei aufhören würde. Und prompt gewann Lincoln die Wahl.

Allerdings trauten die Sklavenhalter Lincoln trotz dieses Versprechens nicht über den Weg. In ihren Augen war er absolut kein »ehrlicher Abe«! Sie machten sich Sorgen, dass Lincoln ihren Wohlstand gefährden könnte. Sie machten sich Sorgen, dass es noch mehr Sklavenaufstände geben könnte. Und so beschlossen die Südstaaten, die Union zu verlassen und einen eigenen Staat zu gründen. Dieses Gebiet, das man auch Konföderation nannte, sollte von einem eigenen Präsidenten regiert werden – von jemandem, der den Reichtum und die Lebensweise der Südstaaten beschützte. Und mit »Lebensweise« meine ich die Sklaverei.

Amerika war nun ein geteiltes Land. Zwei getrennte Staatenbünde. Jeder mit einer eigenen Flagge. Jeder mit eigenen Gesetzen und Vorschriften. Und jeder wollte vom anderen irgendwas. Das war ein *großes* Problem. Und im Jahr 1861 brach wegen dieser Teilung ein heftiger Kampf aus. Ein Bürgerkrieg, in dem Amerika nicht gegen ein anderes Land kämpfte, sondern gegen sich selbst. Amerikaner gegen Amerikaner.

[Kurze Pause]

Heute gibt es Leute und Geschichtsbücher, die behaupten, beim Bürgerkrieg sei es gar nicht um die Sklaverei gegangen. Und dass die Symbole aus dieser Zeit, wie die Konföderiertenfahne und die Denkmäler von den Anführern der Konföderation, einfach nur ein Zeichen von Südstaatenstolz wären. Aber in Wahrheit sind die Kämpfe, der Krieg, die Symbole und die Denkmäler ein Zeichen von Weißem Überlegenheitsdenken und rassistischem Terror. Heute werden viele dieser Symbole und Statuen von öffentlichen Plätzen entfernt. Weil sie ein Zeichen dafür sind, dass die Südstaaten, d. h. die Konföderation, den Reichtum und die Macht, die sie durch die Sklaverei bekommen hatten, nicht aufgeben wollten. Und dass sie bereit waren, dafür in den Krieg zu ziehen und Blut zu vergießen.

Um gegen ein System kämpfen zu können, das sie seit Jahrhunderten terrorisierte, riskierten viele Sklaven ihr Leben und nutzten jede Gelegenheit, um zu fliehen und sich der Unionsarmee anzuschließen. Zuerst schickten die Unionssoldaten sie wieder zurück, weil ein Gesetz vorschrieb, dass sämtliche entflohene Sklaven zu ihren Sklavenhaltern zurückgebracht werden mussten. Aber das änderte sich im Sommer 1862. Da verkündete die Union nämlich, dass diejenigen, die der Sklaverei entflohen waren, um sich dem Krieg anzuschließen, »für immer frei« sein sollten. Und dann machte Lincoln eine noch wichtigere Ansage: Alle Sklaven in den konföderierten Gebieten sollten von nun an frei sein. Aber seht ihr das Problem daran? Lincolns Ankündigung befreite nicht alle Sklaven, nur die in den konföderierten Gebieten. Versklavte Menschen in anderen Teilen des Landes mussten auf den 13. Zusatzartikel warten, der die Sklaverei 1865 überall in den Vereinigten Staaten verbot.

Für die Sklaven, die jetzt »frei« waren, stellte sich diese Freiheit als ziemlich kompliziert heraus. Schwarze Menschen hatten nach wie vor nicht die Macht, ein selbstbestimmtes Leben zu führen. Ein Leben ohne Einschränkungen, in dem sie selbst über ihr Schicksal bestimmten. Sie wurden immer noch von dem verschlungenen, verknoteten Seil des Rassismus gefesselt.

FREI SEIN

Warum war Freiheit so kompliziert? Die Amerikaner hatten viele unterschiedliche Vorstellungen davon, was Freiheit bedeutete und für wen sie gedacht war.
Der Präsident der Konföderation, ein Mann namens Jefferson Davies, behauptete, die Ungleichheit zwischen Schwarzen und Weißen Menschen sei »ein Brandmal von Geburt an«. Damit meinte er, dass Schwarze und Weiße niemals gleich gewesen wären und niemals gleich sein könnten.
Vier Jahre nach Beginn des Bürgerkriegs war der Kampf zwischen dem Norden und dem Süden vorbei. Der Norden hatte gewonnen und alle versklavten Menschen waren offiziell »frei«, aber sie spürten diese Freiheit nicht. Weil:
Schwarze Menschen waren frei … aber sie konnten nirgends hin, weil sie kein eigenes Land besaßen.
Schwarze Menschen waren frei … aber sie hatten keine Möglichkeiten, Geld zu verdienen und sich ein Leben aufzubauen.
Schwarze Menschen waren frei … aber sie hatten nicht

die Hilfsmittel, die Weiße Menschen hatten, zum Beispiel Zugang zu Schulen oder genug Geld oder Privilegien.
Schwarze Menschen waren frei … aber sie durften nicht wählen.
Schwarze Menschen waren frei … aber das änderte nichts daran, wie Weiße Menschen über sie dachten oder mit ihnen umgingen.
Der Süden hatte den Krieg verloren, aber die Leute waren trotzdem nicht bereit, ihre rassistischen Überzeugungen aufzugeben.

9

Frei sein

1878 – 1903

Stellt euch ein Seil beim Tauziehen zwischen zwei Leuten vor. In der Mitte hängt eine bunte Fahne, und an jedem Ende zerrt einer, bis die Fahne und der Großteil des Seils zu einer Seite rübergezogen sind.

Damals gab es zwei mächtige Schwarze Anführer, W.E.B. Du Bois (reimt sich gesprochen auf *Boys*) und Booker T. Washington, die miteinander ein Tauziehen veranstalteten. Nur dass es nicht wirklich ein Spiel war. Beide Männer zerrten an ihren Vorstellungen darüber, wie Freiheit für Schwarze Menschen erreicht werden könnte.

Sie stritten hauptsächlich über das Thema Bildung.

Als Du Bois zehn Jahre alt war (und von allen noch Willie genannt wurde), wurde er auf einem Spielplatz, auf dem Schwarze und Weiße Kinder spielten, von einem Mädchen abgewiesen, weil sie Weiß war und er Schwarz. Wegen dieser Rassismus-Erfahrung wollte er in allem besser sein als seine Weißen Klassenkameraden. Er wollte sie unbedingt davon überzeugen, dass er nicht anders war als sie. Und wenn doch, dann nur, weil er *besser* war als sie.

Du Bois war der Meinung, dass Schwarze Menschen eine gute Bildung haben sollten. Du denkst jetzt bestimmt, dass das doch ganz vernünftig klingt. Aber Du Bois glaubte nicht an Bildung als Weg für Schwarze Menschen, um die Ziele zu erreichen, die *sie* sich überlegt hatten. Er glaubte, wenn Schwarze Menschen eine Universitätsausbildung hätten, wären sie den Weißen Menschen ähnlicher. Und dann würden die Weißen Menschen sie auch eher akzeptieren.

(Wie heißt dieses komische Wort noch mal? Das, mit dem man Leute beschreibt, die glauben, dass man nur gemocht wird, wenn man sich wie jemand benimmt, der man gar nicht ist? Genau: Assimilationist.)

Einerseits fand Du Bois, dass Schwarze Menschen eine gute Schulbildung bekommen sollten. Andererseits glaubte er aber auch, dass nur einer von zehn Schwarzen für das Lernen geeignet wäre. Er war der Meinung, nur dieses »Talentierte Zehntel« sollte auf die Uni gehen und zu Wortführern der Schwarzen Bevölkerung werden, wie er einer war.

Na ja, mittlerweile wisst ihr ja, dass selbst große Anführer … etwas verwirrt sein konnen. Und Du Bois ist auch ein Beispiel dafür. Er war ein Schwarzer Mann, der oft keine besonders gute Meinung von … anderen Schwarzen Menschen hatte.

Auf der gegenüberliegenden Seite des Seils bei diesem Tauziehen hing Booker T. Washington, ein anderer einflussreicher Schwarzer Anführer. Er fand, Schwarze Menschen sollten lieber ein Handwerk wie Schreiner oder Bauer lernen, anstatt auf die Uni zu gehen. Schwarze Menschen sollten gar nicht erst versuchen, Politiker zu werden oder sich mit Weißen Menschen zu messen. Er fand, Schwarze Menschen sollten dieses Gerede über politische Gleichheit einfach vergessen. Stattdessen sollten sie sich damit zufriedengeben, von Weißen Menschen als minderwertig betrachtet zu werden, und sich bemühen, gute Bauern oder Schreiner zu werden, um sich so Respekt und Anerkennung zu verdienen.

Du Bois und Washington waren beide Assimilationisten. Trotzdem konnten sie sich nicht besonders gut leiden und stritten ständig darüber, welche Ideen nun besser wären. Sie schrieben beide erfolgreiche Bücher über ihre unterschiedlichen Ansichten zu Bildung und Freiheit für Schwarze. Eine wichtige Gemeinsamkeit hatten sie aber: Sie sagten beide, dass Schwarze nicht einfach so sein durften, wie sie waren; stattdessen sollten sie sich so verhalten, dass es für Weiße okay wäre.

10

Wahrheitssager

1890 – 1911

Es gab da noch eine Sache, in der Du Bois und Washington einer Meinung waren. Beide fanden, dass Schwarze Menschen auch ein bisschen selbst schuld waren, wenn Weiße Menschen sie hart bestraften.

Jep. Ihr habt richtig gelesen.

Und es musste erst eine junge Schwarze Antirassistin kommen, um diesen beiden Männern den Kopf zurechtzurücken. Eine Frau, die davon überzeugt war, dass zur Freiheit auch Gerechtigkeit und Gleichberechtigung gehörten. Sie hieß Ida B. Wells-Barnett.

[Kurze Pause]

Rassistische Überzeugungen schwirren schon seit vielen Hundert Jahren durch die Köpfe der Leute. Aber die ganze Zeit über gab es auch Menschen, die antirassistisch dachten. Schaut sie euch gut an. Sie sind wie Wegweiser, die uns die richtige Richtung zeigen. Sie führen uns sogar heute noch.

Erinnert ihr euch noch daran, was ich am Anfang unserer Reise über das Seil gesagt habe? Dass es dazu benutzt werden kann, um festzubinden, zu fesseln, zu sichern oder zu ziehen? Na ja, manchmal können Seile auch als Waffen benutzt werden. Indem man Schlingen daraus knüpft, um Leute aufzuhängen oder zu lynchen. Was lynchen ist? Wenn Schwarze Menschen als »Strafe« für Verbrechen, die sie oftmals nicht mal begangen hatten, einfach umgebracht wurden. Damit sollten die Schwarzen daran erinnert werden, dass Weiße die absolute Macht über sie hatten und ihnen sogar das Leben nehmen konnten. Wells-Barnett war eine Journalistin, die über Lynchmorde recherchierte. Wie andere benutzte sie ihre Texte, um ihre Ansichten zu verbreiten. Wells-Barnett deckte die Wahrheit auf. Sie wehrte sich gegen den rassistischen Terror, als Schwarze Männer wie W. E. B. Du Bois das nicht taten.

Während andere ihr Leben lang assimilationistischen und rassistischen Ideen folgten, vertrat Ida B. Wells-Barnett stets antirassistische Überzeugungen. Sie sagte: »Um Unrecht zu sühnen, muss das Licht der Wahrheit darauf gerichtet werden.« Und sie richtete das Licht der Wahrheit auf jedes rassistische Unrecht.

Später setzte sie sich für die sogenannten Suffragetten ein, eine Frauenbewegung, die dafür kämpfte, dass die Frauen endlich auch das Wahlrecht bekamen. Aber mit »Frauen« waren erst mal nur *Weiße* Frauen gemeint. Und wieder kämpfte Wells-Barnett unermüdlich dafür, das zu ändern, indem sie die Leute daran erinnerte, dass auch Schwarze Frauen dazugehörten.

Eine weitere Person, die versuchte, Du Bois den Kopf zurechtzurücken, war Franz Boas, ein deutscher Einwanderer. Und einer der wichtigsten Anthropologen Amerikas, also ein Experte für Menschenkunde. Er wies darauf hin, dass die Schwarzen auf eine lange Geschichte zurückblicken konnten, die schon viele Jahrhunderte vor ihrer Ankunft in Amerika begonnen hatte. Und dass diese Geschichte – die afrikanische Geschichte – keineswegs eine

Geschichte der Minderwertigkeit war. Im Gegenteil, sie handelte von großen, prunkvollen Reichen wie Ghana und Mali oder dem Reich der Songhai, in denen viele kluge Leute und Erfinder gelebt hatten.

Diese antirassistischen Wahrheitskämpfer stritten sich mit den rassistischen Lügnern. Ihr dürft nicht vergessen, dass Freiheit in den USA, also die Befreiung *aller* Menschen, bis heute ein ständiger Kampf ist.

Zwischen Sklavenhaltern und Sklaven.

Zwischen der Union (dem Norden) und der Konföderation (dem Süden).

Zwischen Anführern, die voller Widersprüche waren, und Anführern, die davon frei waren.

Zwischen Rassismus und Antirassismus.

An einem Ende des Seils zerrten Leute, die für Freiheit waren, am anderen diejenigen, die für Unterdrückung waren. Und beide Seiten nutzten jedes Werkzeug, das sich ihnen bot. Sie nutzten Texte und Bücher. Sie nutzten Waffen und Krieg. Sie nutzten Reden und Aktivismus. Sie nutzten Gesetze und Bildung. Und als der technische Fortschritt kam, nutzten sie auch Filme.

11

Rassismus auf der Leinwand

1912 – 1915

Denkt daran, welche Macht Geschichten haben können. Unsere Lieblingsfiguren geben uns Mut und Hoffnung, für uns und für die Welt. Gute Geschichten verändern uns und bringen uns zum Nachdenken. Sie wecken in uns den Wunsch, ebenfalls mutig zu sein und Gutes zu tun. Und sie haben die Macht, sich in unsere Herzen und Gedanken zu schleichen und dort für sehr lange Zeit einzunisten. Manchmal lesen wir Geschichten, ohne zu merken, welchen Schaden sie anrichten, und ohne die rassistischen Überzeugungen in ihnen zu erkennen. Und weil die Geschichten sich einnisten, können sich diese Überzeugungen in uns verknoten und verheddern.

So wie bei *Tarzan, Herr der Affen*.

Ihr kennt vermutlich die Zeichentrickfilme, die heute oft gezeigt werden. Aber das Ganze hat schon im Jahr 1912 mit einem Buch angefangen. Hier ist eine Kurzfassung des Inhalts:

1. Ein Weißes Kind namens John verliert in Afrika seine Eltern.
2. John wird von Affen aufgezogen.
3. Die Affen ändern seinen Namen in »Tarzan«, was »weiße Haut« bedeutet.
4. Tarzan wird der beste Jäger und Kämpfer. Besser als alle Afrikaner.
5. Irgendwann bringt er sich selbst das Lesen bei.
6. In späteren Geschichten der Serie beschützt Tarzan eine Weiße Frau namens Jane vor den »wilden« Afrikanern.

Also, wie ihr wisst, war die Sklaverei mittlerweile abgeschafft. Aber erinnert ihr euch an die lächerliche und rassistische Überzeugung, dass Afrikaner Sklaverei *bräuchten*, weil sie »Wilde« seien? Versteht ihr jetzt, wie dieses beliebte Buch und die späteren Filme (und noch später die Comics, Fernsehserien und sogar Spielzeuge) diese Überzeugung förderten?

Und es gibt noch eine andere Art, wie Geschichten benutzt werden, um rassistische Gedanken zu verbreiten. In Geschichten können Tiere zu Symbolen für eine ganze ethnische Gruppe werden. Und damit wird quasi gesagt, Menschen aus dieser Gruppe wären so wie Tiere. Und das nennt man ein Stereotyp. Und ein extrem langlebiges rassistisches Stereotyp ist es, die Gesichter von Schwarzen Menschen mit denen von Affen zu vergleichen.

Erinnert ihr euch noch an die lächerliche und rassistische Überzeugung, dass Afrikaner keine Menschen wären, sondern Eigentum, so wie Pferde und Schweine? Versteht ihr, wie das alles miteinander zusammenhängt, auch noch lange nach dem Ende der Sklaverei?

Es gab noch einen anderen Film, der dazu führte, dass rassistische Vorstellungen und Stereotype sich festsetzten.

Die Geburt einer Nation.

Der Film kam 1915 heraus und war Hollywoods erster Blockbuster (er ging drei Stunden lang!). Außerdem war er der erste Film, der für den Präsidenten im Weißen Haus gezeigt wurde. Und darum geht es darin:

1. Ein Schwarzer Mann (gespielt von einem Weißen Mann mit einem schwarz angemalten Gesicht) versucht, eine Weiße Frau anzugreifen.
2. Sie springt von einer Felsklippe und stirbt.
3. Wütende Weiße Männer wollen ihren Tod rächen.

Ach ja, die wütenden Weißen Männer wurden übrigens Klansmänner genannt.

Der Ku Klux Klan (KKK) ist eine rassistische Terrororganisation, die nach dem Bürgerkrieg von konföderierten Veteranen gegründet wurde. Und sie bekamen neuen Aufwind durch diesen Film, weil sie darin die Guten waren. Die Schwarzen Menschen wurden als böse und gefährlich dargestellt und die Weißen als Retter und Helden.

[Kurze Pause]

Als der Film *Die Geburt einer Nation* gedreht wurde, gab es das sogenannte »Blackfacing« auf Bühnen schon lange. Weiße schwärzten ihre Gesichter mit angekokelten Korken oder Schuhcreme und führten rassistische Komödien, sogenannte Minstrel Shows, in Theatern oder Kinos auf. Schwarze Gesichtszüge wurden dabei völlig übertrieben dargestellt, mit riesigen Lippen und Nasen. Die Weißen Schauspieler führten rassistische Stereotype auf, sie sangen und tanzten auf eine Weise, die Schwarze Menschen als faule, dumme und hinterhältige Feiglinge darstellte – alles nur, um das Weiße Publikum zu unterhalten.

Rassistische Stereotype in Romanen und Filmen handelten aber nicht nur von Schwarzen Menschen. Und so was gab es nicht nur in der Vergangenheit, das gibt es heute auch noch.

Beispiele dafür sind: *King Kong. Dumbo. Peter Pan. Susi und Strolch. Der Kater mit Hut* und viele andere Bücher von Dr. Seuss. *Die schweizer Familie Robinson. Das Dschungelbuch. Unsere kleine Farm. Coco, der neugierige Affe. Aladdin. Pocahontas.*

Als Wahrheitssucher wisst ihr, wie wichtig es ist, die Wahrheit zu kennen. Und die Wahrheit ist, dass viele Bücher und Filme, die heute als »Klassiker« gelten, jede Menge rassistischer Vorurteile enthalten. Das ist wichtig, weil Worte wichtig sind. Geschichten haben Macht. Die Bilder auf den Buchseiten und auf der Leinwand werden zu Bildern in unserem Kopf. Sie beeinflussen die Art und Weise, wie wir über uns und über andere Menschen denken. Sie verstärken, was wir als »normal« oder als »anders« betrachten.

Deshalb achtet gut auf Worte, Geschichten und Filme. Schaut euch an, wie einzelne Menschen und Gruppen darin dargestellt werden. Schaut euch an, ob sie schädliche Ideen weiterverbreiten, die uns falsche Dinge über die Welt erzählen. Und sucht nach den vielen tollen Geschichten, die uns alle so zeigen, wie wir wirklich sind – als Menschen.

12

Frei leben

1916 – 1936

Während Filme weiter rassistische Vorstellungen verbreiteten, die das Leben Schwarzer Menschen in Gefahr brachten, und während die Vereinigten Staaten und ihre Verbündeten im Ersten Weltkrieg gegen ihre Feinde kämpften, flohen Schwarze Menschen aus dem Süden wie Flüchtlinge in ihrem eigenen Land. Sie gingen nach Norden. Nach Chicago, Detroit oder New York. Auf der Suche nach Freiheit. Sie hatten keine Ahnung, welche Möglichkeiten dort auf sie warteten, aber sie wollten es riskieren. In der Hoffnung, arbeiten zu können. In der Hoffnung, wählen zu dürfen. In der Hoffnung auf ein besseres Leben.

Ein paar kamen sogar aus der Karibik in den Norden der USA, um der Kolonialherrschaft zu entfliehen. Zum Beispiel ein Jamaikaner namens Marcus Garvey. Als er im Jahr 1916 in New York eintraf, suchte er als Erstes das Büro der National Association for the Advancement of Colored People (NAACP), zu Deutsch: Nationale Vereinigung für die Förderung Schwarzer Menschen. Der Name sagt schon, worum es ging: Die Leben Schwarzer Menschen zu fördern (oder zu verbessern). Und einer der Gründer war W. E. B. Du Bois.

Im Büro des NAACP fiel Garvey sofort auf, dass keine Schwarzen Menschen mit einer sehr dunklen Hautfarbe dort arbeiteten. Selbst bei Du Bois' eigener Organisation wurde also diskriminiert.

[Kurze Pause]

Wort-Check! Die Diskriminierung von Menschen mit dunklerer Hautfarbe zugunsten von Menschen mit einer helleren Haut nennt man Colorism. Colorism ist eng mit Rassismus verbunden, weil es auch hier um die Vorstellung geht, dass Menschen mit hellerer Haut klüger und schöner und besser sind. Und alles nur, weil helle Haut ähnlich ist wie Weiße Haut.

Erinnert ihr euch noch an das Tauziehen zwischen Du Bois und Booker T. Washington über ihre unterschiedlichen Ansichten zu Bildung und Freiheit für Schwarze Menschen? Jetzt ging der Streit zwischen Du Bois und Garvey weiter. Doch anstatt über unterschiedliche Konzepte für Bildung zu streiten, stritten sie über das Schwarzsein an sich.

Du Bois war ein hellhäutiger Mann mit einem Weißen und einem Schwarzen Elternteil. Garvey war ein dunkelhäutiger Schwarzer Mann. Du Bois war Assimilationist. Er glaubte, dass nur ein paar Schwarze Menschen wertvoll wären. Garvey dagegen war Antirassist. Für ihn waren *alle* Schwarzen wertvoll.

Deshalb startete Garvey seine eigene Organisation, die sogenannte Universal Negro Improvement Organisation (UNIA). Sie konzentrierte sich auf afrikanische Solidarität, auf die Schönheit Schwarzer Hautfarbe, auf afroamerikanische Kultur und weltweite afrikanische Selbstbestimmung.

Aber bitte denkt daran, dass Menschen nicht nur eine Seite haben. Sie können kompliziert sein und voller Widersprüche. Und Du Bois machte schon in vielen Dingen riesige antirassistische Fortschritte, auch wenn er sich immer noch an assimilationistische Vorstellungen klammerte. Zum Beispiel stellte er fest, dass Amerika kein Problem damit hatte, Schwarze Männer als Soldaten im Ersten Weltkrieg kämpfen zu lassen – dafür waren sie fähig, schlau und mutig genug. Aber sie waren nicht gut genug, um nach ihrer Rückkehr aus dem Krieg in den USA gleich wie Weiße Menschen behandelt zu werden. Er kritisierte diesen Widerspruch und schrieb mehrere Essays über die Menschlichkeit der Schwarzen. Und er würdigte Schwarze Frauen. Das war eine ziemlich große Sache, weil Schwarze Frauen bisher vergessene Heldinnen waren, die in der Rassismus-Diskussion völlig vernachlässigt wurden. Aber trotz dieser antirassistischen Schritte fiel es Du Bois schwer, seine assimilationistischen Vorstellungen komplett aufzugeben. Er glaubte immer noch, wenn Schwarze so sprechen und sich so anziehen und so benehmen würden wie Weiße, würden sie auch akzeptiert werden.

EIN ERWACHEN

Die Harlem-Renaissance war eine Zeit der Erneuerung von Schwarzer Kreativität und Kultur. Die Musik, die Malerei und die Schriften junger Schwarzer Künstler im New Yorker Stadtteil Harlem führten zur Entstehung einer neuen afroamerikanischen Identität. Viele Leute trugen zu dieser kulturellen Explosion bei.

Schriftsteller und Schriftstellerinnen wie Zora Neale Hurston und Langston Hughes.

Bühnenkünstler und -künstlerinnen wie Josephine Baker und Paul Robeson.

Musiker und Musikerinnen wie Billie Holiday und Duke Ellington.

Künstler und Künstlerinnen wie Augusta Savage und Aaron Douglas.

Und auch Intellektuelle wie Marcus Garvey und W. E. B. Du Bois.

Da Du Bois immer noch assimilationistische Überzeugungen vertrat, wollte er, dass diese begabten jungen Künstlerinnen und Künstler ihre Werke nutzten, um von Weißen Menschen respektiert zu werden – um als perfekt angesehen zu werden.

Aber Schwarze Künstlerinnen und Künstler wollten nicht perfekt sein. Sie wollten endlich die Freiheit, einfach nur Menschen sein zu können.

Schwarze Menschen haben sich schon immer gegen rassistische Meinungen gewehrt. Auch wenn diese Meinungen von Schwarzen selbst verbreitet wurden.

Und es gab viele Schwarze Menschen, die Du Bois' rassistische Ansichten ablehnten. Sie wollten sich so ausdrücken, wie sie es für richtig hielten, als gleichberechtigte Menschen, ohne sich darüber Gedanken zu machen, ob sie von Weißen akzeptiert würden. Langston Hughes zum Beispiel. Er war der beliebteste Dichter der Harlem-Renaissance und zählt heute zu den berühmtesten Schriftstellern Amerikas. Er sagte, wenn Schwarze Künstler sich bei ihren Werken zu sehr an Weißen orientierten, dann wäre es nicht ihre eigene Kunst. Hughes fand Schwarze Menschen schön. Und zwar genau so, wie sie sind.

Aber egal, wie Schwarze Menschen redeten, wie sie sich kleideten, wie sie schrieben, malten, tanzten oder wie gebildet sie waren – Weiße Menschen verbreiteten weiterhin ihre rassistischen Ideen und betrachteten Schwarze als minderwertig. Diese schmerzhafte Erkenntnis zermürbte Du Bois mit der Zeit, und er fing an, sich zu ändern. Auf einmal wollte er auch, dass Schwarze Menschen die Freiheit bekamen, einfach so zu sein, wie sie waren. Und Punkt.

Du Bois kritisierte das amerikanische Bildungswesen und sagte, es würde das Land verraten, weil es die Wahrheit über den Rassismus in Amerika verschwieg. Weil es sich zu sehr darum sorgte, die Weißen zu schützen und zu verteidigen. Er veröffentlichte einen Artikel mit dem Titel »Segregation«, der alle Leser total erstaunte. Darin stimmte er seinem ehemaligen Rivalen Marcus Garvey zu und sprach sich für sichere Räume für Schwarze Menschen aus. Räume, in denen Schwarze Menschen sich gegen rassistische Vorstellungen wehren und dagegen ankämpfen konnten. Letztlich vertrat Du Bois Überzeugungen, die er auch in der Vergangenheit schon vertreten hatte, aber mit neuen Argumenten. Zum Beispiel mit dem Argument, das auch Frederick Douglass, Sojourner Truth, Ida B. Wells-Barnett, Marcus Garvey und viele andere vor ihm schon vorgebracht hatten: dass Schwarze Menschen gleich waren wie Weiße Menschen.

Du Bois hatte einen Weckruf erhalten. Er hatte sich vom Assimilationismus abgewandt und richtete seine ganze Aufmerksamkeit nun auf den Antirassismus.

13

Neue Gesetze

1945–1960

Nach der Harlem-Renaissance und seinem eigenen Erwachen und nachdem die Vereinigten Staaten in den Zweiten Weltkrieg eingetreten und wieder herausgekommen waren, nahm Du Bois am 5. Panafrikanischen Kongress teil. Der Panafrikanismus ist eine Bewegung, mit der die Einheit aller Völker Afrikas gefördert werden soll. Stärke durch Masse. Globale Macht. Bei diesem 5. Panafrikanischen Kongress diskutierten die Mitglieder über die gemeinsamen Erfahrungen von Menschen afrikanischer Abstammung und über die Unabhängigkeit der afrikanischen Länder von europäischer Kolonialherrschaft. Afrikaner wollten und sollten sich selbst regieren. Wegen seines Engagements für Schwarze Menschen und für die afrikanischen Nationen wurde Du Bois auch als »Vater des Panafrikanismus« bekannt.

In dieser Zeit stiegen die USA zu einer Weltmacht auf. Die Worte der Nationalhymne kündeten stolz von ihrer Größe:

The land of the free,

Home of the brave.

Übersetzt heißt das: Das Land der Freien, die Heimat der Mutigen.

Aber wer war mutig genug, die Wahrheit über den Rassismus offen zuzugeben? Und lautete die eigentliche Frage nicht: Was bedeutet Freiheit wirklich? Und Freiheit für wen? Bislang war Freiheit immer nur etwas für Weiße Leute gewesen. Schwarze bekamen dagegen nur einen winzigen Bruchteil an Freiheit.

Anwälte stritten vor Gericht über Fragen zu Freiheit und Gleichheit. Ein paar dieser Fälle landeten sogar vor dem Obersten Gerichtshof, wo die Richter die Rechtmäßigkeit von amerikanischen Gesetzen prüfen.

Bei einem dieser Prozesse ging es um die Frage, wo Schwarze Menschen Häuser kaufen dürfen. Dabei kam heraus, dass in vielen Städten im Norden Weiße Menschen Schwarze daran hinderten, dort zu wohnen, wo sie wollten. Weiße Menschen hinderten Schwarze Menschen daran, Häuser in »ihren« Vierteln zu kaufen. Der Oberste Gerichtshof entschied jedoch, dass es gegen das Gesetz verstieß, getrennte Wohnviertel für Weiße und Schwarze zu schaffen. Das machte die Weißen ganz schön wütend.

So wütend, dass sie einfach ihre Sachen packten und gingen, als dann tatsächlich Schwarze Menschen in »ihre« Viertel zogen. So fanden sie neue Wege, um die Stadtviertel weiterhin nach Hautfarben zu trennen.

[Kurze Pause]

Damals urteilte der Oberste Gerichtshof, dass Rassentrennung in Wohnvierteln und Schulen gegen das Gesetz verstößt. Trotzdem gibt es auch heute noch überall in den USA Wohnviertel und Schulen, in denen Rassentrennung praktiziert wird, wo es nur (oder fast nur) Weiße gibt oder (fast nur) Schwarze.
Denkt daran, dass der Rassismus in Amerikas Grundstruktur eingebrannt wurde. Und obwohl viele rassistische Gesetze erweitert oder geändert wurden, gibt es immer noch Rassismus.

Ein anderer Fall drehte sich um Rassentrennung an Schulen im Süden. Schwarze Schüler besuchten Schulen, die schlecht ausgestattet waren. In ihren Vierteln gab es nicht genug Geld, um Schulen zu bauen oder instand zu halten, für Schulbusse oder für Unterrichtsmittel wie Bücher, Schreibtische und Stühle. Weiße Schüler gingen dagegen auf Schulen, die sehr gut ausgestattet waren. Ihre Schulen waren groß und super in Schuss, und es gab genug Geld für Schulbusse und Schulmaterialien. Der Oberste Gerichtshof urteilte, dass Rassentrennung an öffentlichen Schulen gegen die Verfassung verstoßen würde. Doch hinter diesem Urteil steckte ein rassistisches Denken. Es wurde nämlich bestimmt, dass Schwarze Schüler in Weiße Schulen integriert werden sollten. Weiße Schüler mussten dagegen nicht in Schwarze Schulen integriert werden. Und das stützte die rassistische Überzeugung, dass Weiße Menschen überlegen wären – dass Schwarze Kinder mit Weißen Kindern zusammen sein mussten, damit sie Erfolg haben konnten. Aber auch das machte Weiße Menschen wütend.

So wütend, dass die Weißen scharenweise protestierten, als Schwarze Schüler in »ihren« Schulen auftauchten.

So wütend, dass sie laut schrien, die Schwarzen Schüler übel beschimpften, sie anspuckten und ihr Leben bedrohten, egal, ob es sich um Oberstufenschüler handelte oder um Erstklässler wie Ruby Bridges.

So wütend, dass die sechsjährige Ruby jeden Tag von Bundespolizisten in die Schule gebracht werden musste, damit diese sie vor den Horden wütender Weißer Menschen beschützten, an denen sie auf dem Weg ins Schulgebäude vorbeimusste.

So wütend, dass Weiße Eltern sich weigerten, ihre Kinder in die gleiche Klasse gehen zu lassen wie Ruby. Oder sie in der Mittagspause mit ihr zusammen essen zu lassen. Oder sie in den Pausen mit ihr spielen zu lassen. Ruby wurde allein in einem Klassenzimmer unterrichtet, während Bundespolizisten die Tür bewachten.

Ihr seht also, Gesetze allein sind nicht mächtig genug, um allen Menschen Freiheit zu garantieren. Dazu braucht es auch Menschen, die erstens für die *richtigen* Gesetze kämpfen, die *allen* Menschen nützen, und die zweitens dafür sorgen, dass diese Gesetze auch befolgt werden.

14

Der Kampf um Freiheit

1955 – 1963

Die Bürgerrechtsbewegung wurde von den vielen toten Schwarzen Menschen in Gang gebracht. Sie kamen durch die Hände von Weißen ums Leben, die sich weigerten, die Gesetze zu befolgen, und stattdessen selbst entschieden, was Freiheit bedeutete und wem sie zustand. Und wem nicht. Einer dieser Toten war der vierzehnjährige Emmett Till.

Im Jahr 1955 wurde Emmett brutal totgeprügelt, weil er angeblich einer Weißen Frau »zugezischt« oder »nachgepfiffen« hatte. Was mit Emmett Till vor über fünfundsechzig Jahren passiert ist, macht heute noch viele Schwarze Menschen sehr traurig. Er war so jung und hatte das ganze Leben noch vor sich, und dann wurde es ihm auf so grausame Weise genommen. Für Schwarze Menschen war Emmett wie ein Sohn. Ein Bruder. Ein Nachbar. So nah fühlte sich der Verlust an. Emmetts Tod war die ständige Erinnerung daran, dass in den USA, dem Land der Freien, Schwarze Menschen nur eine viel schlechtere Form von Freiheit leben konnten.

Damals gab Emmetts Ermordung der Bürgerrechtsbewegung neuen Antrieb. Sie wurde von einem jungen, charismatischen Geistlichen angeführt, der Du Bois sehr bewunderte: Dr. Martin Luther King Jr. Ich wette, den Namen habt ihr schon mal gehört.

An Dr. Kings Seite standen viele junge Menschen, die für die Freiheit kämpften und sich neue Strategien dazu ausdachten. Sie trugen dazu bei, dass die Bürgerrechtsbewegung immer größer wurde.

Wie die vier Collegestudenten, die sich im Jahr 1960 einfach in das Schnellrestaurant eines Kaufhauses setzten, und zwar in den Bereich, der nur für Weiße gedacht war. Sie wurden zwar nicht bedient, blieben aber so lange sitzen, bis das Restaurant am Abend zumachte. Diese Form von Protest wurde »Sit-in« genannt, und innerhalb weniger Monate machten Schüler und Studenten überall im Süden bei solchen Aktionen mit.

Junge Leute gründeten eine Studentenorganisation für gewaltfreien Widerstand, das SNCC, um friedliche Proteste zu planen.

Aber die Reaktion auf diese *gewaltfreie* Bürgerrechtsbewegung war leider … *Gewalt*.

In südlichen Staaten wie Alabama lebten Schwarze wegen der rassistischen Gesetze und der Leute, die diese Gesetze verteidigen wollten, besonders gefährlich. Dr. King organisierte deshalb einen gewaltfreien Protest in der Stadt Birmingham in Alabama. Doch der Beauftragte für die öffentliche Sicherheit in der Stadt nutzte seinen Einfluss und befahl der Polizei, auf die Demonstranten einzuprügeln und Hunde auf sie zu hetzen. Er befahl der Feuerwehr, ihre Wasserschläuche auf die Menschen zu richten. Und er ließ Demonstranten verhaften, darunter auch Dr. King. Er nutzte seine Macht aus, um dafür zu sorgen, dass die Rassentrennung in Birmingham aufrechterhalten wurde.

Damit die Bürgerrechtsbewegung weiter vorankam, mussten sich Dr. King und der SNCC mit noch viel, viel mehr Menschen zusammentun. Und gemeinsam für die Freiheit von Schwarzen Menschen kämpfen. Gemeinsam für die Freiheit von allen Menschen kämpfen.

15

Der Marsch auf Washington

1963

Das ganze Land und die ganze Welt schauten zu, wie gewaltfreie Proteste in Gewalt ausarteten – und zwar nicht wegen den Aktionen der Demonstranten, sondern wegen der Polizei. Viele junge Aktivisten waren irgendwann müde vom Kampf und frustriert. Es frustrierte sie, dass Dr. Martin Luther King Jr. weiter an einen gewaltfreien Widerstand glaubte, wo doch so viele Schwarze Menschen geschlagen, verhaftet und getötet wurden. Und viele hörten irgendwann lieber einem anderen Anführer zu: Malcolm X.

Malcolm X war ein Priester der Nation of Islam, einer religiösen Organisation, die sich für die Befreiung Schwarzer Menschen einsetzte.

Das Verhältnis zwischen Martin und Malcolm war ungefähr so wie das zwischen Du Bois und Washington oder Du Bois und Garvey: Zwei Schwarze Anführer, die an den entgegengesetzten Enden eines Seils zogen. Martin und Malcolm wollten beide Freiheit und Gleichheit für Schwarze. Aber jeder von ihnen hatte andere Vorstellun-

gen davon, wie Schwarze Menschen für ihre Freiheit kämpfen sollten.

Martin predigte Gewaltfreiheit, um die Unterdrückung zu überwinden.

Malcolm dagegen predigte Selbstverteidigung und einen Freiheitskampf mit allen dafür notwendigen Mitteln.

Dr. King und andere Aktivisten hatten sich mit Politikern zusammengetan, um zu erreichen, dass die Bürgerrechtsgesetze verabschiedet wurden. Und für den 28. August 1963 planten sie eine große Demonstration in Washington, die sogar im Fernsehen übertragen werden sollte – der Marsch auf Washington für Arbeit und Freiheit. Das sollte für Dr. King die Gelegenheit sein, dem Land klarzumachen, wie wichtig und wie dringend Bürgerrechte für alle waren.

In der Zeit war John F. Kennedy Präsident der USA. Die Demonstration wurde von verschiedenen Bürgerrechtsorganisationen veranstaltet, und Kennedys Regierung wusste genau, dass die ganze Welt zuschauen würde. Deshalb mussten die Sprecher und die Reden von der Regierung genehmigt werden. Und das bedeutete, dass nur ein paar wenige ein Mikrofon bekommen würden – ihre Stimmen würde man hören. Viele andere dagegen wurden vom Weißen Haus und den männlichen Schwarzen Anführern der Bürgerrechtsbewegung zum Schweigen gebracht.

Darunter zum Beispiel:

Schwarze Frauen. Daisy Bates las einen kurzen Schwur vor, ein Versprechen an die Frauen, die in der Bewegung aktiv waren. Aber Dorothy Height, eine einflussreiche Aktivistin, die mitgeholfen hatte, den Marsch zu organisieren, und als einzige Frau neben Dr. King auf dem Podium stand, durfte nicht sprechen. Rosa Parks auch nicht. Und viele andere Schwarze Frauen, die sich für die Bewegung engagiert hatten, auch nicht.

Schwarze LGBTQ+-Anführer. Bayard Rustin, ein wichtiger Berater von Dr. King und Organisator der Demonstration, durfte nicht sprechen. Genauso wie James Baldwin, ein Schwarzer Schriftsteller, der durch seine Werke zu einer beeindruckenden und mutigen politischen Stimme geworden war.

Malcolm X. Er nahm an der Demonstration teil, durfte aber keine Rede halten.

Aber eine Schwarze Frau sang immerhin. Mahalia Jackson. Als die Bürgerrechtsbewegung an Einfluss gewann, hatte Jackson die Schwarzen Menschen im Süden, wo fast überall noch Rassentrennung galt, mit ihrem Gesang getröstet. Selbst Dr. King rief Jackson an, wenn er deprimiert war, nur um sie singen zu hören. Und an diesem Tag sang sie und machte der Nation Mut.

Bei dem Marsch zogen rund eine Viertelmillion Demonstranten und Journalisten aus aller Welt zu dem Gelände zwischen dem Lincoln Memorial und dem Washington Monument. Und Dr. King hielt eine Rede, die heute zu den bekanntesten Reden aller Zeiten zählt: »Ich habe einen Traum.«

Marsch auf Washington
fur Arbeit und Freiheit
28. August 1963

16

Leid und Protest

1963 – 1965

Ein paar Wochen nach dem Marsch auf Washington für Arbeit und Freiheit geschah eine weitere Tragödie. Vier Mädchen wurden in Birmingham im Bundesstaat Alabama getötet: Cynthia Wesley, Carole Robertson, Carol Denise McNair, Addie Mae Collins. Weil Weiße Rassisten und Mitglieder des Ku-Klux-Klans einen Bombenanschlag auf ihre Kirche verübten.

Und wieder schauten das ganze Land und die ganze Welt zu. Wut breitete sich aus.

Angela Davis, eine College-Studentin, die in Birmingham aufgewachsen war, erfuhr während eines Auslandsemesters in Europa von dem Anschlag. Ihre Familie war mit den Robertsons befreundet und lebte im selben Viertel wie die Wesleys. Für Davis war diese Tat kein Einzelfall. Der KKK hatte schon so viele Bomben in ihrem Viertel hochgehen lassen, dass die Gegend den Spitznamen Dynamite Hill (Dynamit-Hügel) bekommen hatte. Davis wusste schon seit ihrer Kindheit über den amerikanischen Rassismus und seine tödlichen Folgen Bescheid. Und die Nachricht von der Tragödie war für sie der Antrieb, immer weiter zu kämpfen.

Die Empörung über die Ermordung von vier jungen Mädchen in einer Kirche war so groß, dass die Regierung sich gezwungen sah, etwas zu unternehmen. Und so wurde in dieser Legislaturperiode das Bürgerrechtsgesetz von 1964 verabschiedet. Aber was genau bedeutete dieses Gesetz? Nun, auf dem Papier war jede rassistische Diskriminierung von jetzt an verboten. Malcolm X kritisierte das Gesetz deshalb auch nicht, er zweifelte nur daran, ob es auch wirklich richtig umgesetzt werden würde. Und Angela Davis sah das ähnlich.

Kirche explodiert in Alabama.
4 Schwarze Mädchen getötet

Weil Gesetze allein noch nie genug Macht gehabt hatten, um allen Menschen Freiheit zu schenken. Wer sorgte dafür, dass die Gesetze befolgt wurden, wenn es in der Justiz, in der Regierung und bei der Polizei von Rassisten nur so wimmelte?

Heute erinnert uns Angela Davis daran, dass »Freiheit ein ständiger Kampf« ist. Dass mehr nötig ist als ein paar Gesetze, um allen Menschen die Freiheit zu bringen. Man braucht die Macht des ganzen Volks, um von einer Bewegung zu träumen, die sich für alle Menschen einsetzt.

Die Polizeigewalt hörte nicht auf. Der KKK hörte nicht auf. Die Diskriminierungen am Arbeitsplatz, bei der Wohnungssuche und in der Bildung hörten nicht auf. Die politischen Bewegungen der Schwarzen waren nicht zufrieden mit dem, was die Regierung für Schwarze Menschen tat. Deshalb hörten auch die Proteste nicht auf. Aber ohne Macht und Einfluss konnten sämtliche Proteste der Welt nichts bewirken. Und so wurde aus einem Kampf für Bürgerrechte allmählich ein Kampf für Freiheit. Der Unterschied zwischen diesen beiden ist ganz einfach: Das eine ist ein Kampf um Gerechtigkeit. Das andere ist ein Kampf um das Recht zu leben.

Und während die Schwarzen um das Recht zu leben kämpften, schlug der Tod erneut zu.

Diesmal wurde Malcolm X ermordet.

Sein Tod erschütterte seine Schwarzen antirassistischen Anhänger zutiefst. Die Medien stellten ihn als Botschafter des Hasses dar. Aber Malcolms Autobiografie, die nach seinem Tod veröffentlicht wurde, zeigte, dass Malcolm für die Wahrheit stand, nicht für den Hass. Seine Botschaft an Schwarze Menschen drehte sich um Stolz und Einigkeit. Und so wurde seine Autobiografie zu einem der wichtigsten Bücher der amerikanischen Geschichte.

Dr. King und Malcolm X begegneten sich nur ein einziges Mal. Aber Dr. King gab zu, dass sie – auch wenn sie wie Du Bois und Washington und wie Du Bois und Garvey unterschiedliche Mittel einsetzten – in Wirklichkeit beide das Gleiche wollten: Freiheit.

Nach dem Bürgerrechtsgesetz von 1964, dem Malcolm

nicht traute, kam das Wahlrechtsgesetz von 1965. Und was brachte es? Weißen Zorn und Widerstand. Trotzdem entwickelte sich das Wahlrechtsgesetz zum wirksamsten antirassistischen Gesetz, das je vom Kongress der Vereinigten Staaten von Amerika verabschiedet wurde.

Malcolm X war nicht mehr am Leben, aber er blieb unvergessen. Seine Worte fühlten sich für junge Schwarze Aktivisten weiterhin wie ein Schutzpanzer vor Weißem Rassismus an. Und für viele ist das heute noch so.

17

Black Power

1966 – 1969

Mathematik. Wissenschaft. Kunst. Sie alle wurden als Waffen gegen Schwarze Menschen benutzt. Aber Worte von einer rassistischen Zunge waren oft besonders tödlich.

In Amerika gibt es einen bekannten Spruch: »Stock und Stein brechen mein Gebein, aber Worte bringen keine Pein.« Das bedeutet, dass körperliche Gewalt schlimmer ist als ein Angriff mit Worten auf unsere Gefühle. Aber Worte können sehr wohl schlimm sein. Sie können sehr wohl wehtun. Alltagsbegriffe und Sätze wie *schwarzes Schaf, Schwarze Liste, schwarzmalen* und andere verbinden Schwarzsein mit etwas Negativem. Und es gibt noch andere Worte, die das unterstützen. Zum Beispiel *Minderheit*, weil das so klingt, als wären Schwarze Menschen überall in der Minderheit und Weiße in der Mehrheit. Und *Getto*, ein Ausdruck für ein Stadtviertel mit einem schlechten Ruf. Im rassistischen Amerika wurden *Getto* und *Minderheit* zu Synonymen für Schwarz. Diese Worte wurden wie Messer verwendet, sie sollten Gefahr ausstrahlen und Schmerz zufügen. Und das ist bis heute so.

Aber auf einer Demonstration im Jahr 1966 wurden Worte auch als eine Art Rüstung benutzt, um *gegen* Rassismus zu kämpfen. Stokely Carmichael, der mutige junge neue Anführer des SNCC, brüllte …

BLACK POWER!

Diese zwei Worte verknüpften Schwarzsein nicht mit etwas Negativem, sondern mit Stärke. »Black Power« war eine neue Sprache, die der Schwarzen Bevölkerung Mut machte und eine neue Bewegung entstehen ließ.

Mit Black Power meinte Carmichael:

Schwarze Menschen bestimmen selbst über ihre Wohnviertel und ihre Zukunft, frei von der angeblichen Weißen Überlegenheit.

Aber (rassistische) Weiße Menschen und die Medien hörten stattdessen:

SCHWARZE ÜBERLEGENHEIT!

Seht ihr, was da passiert ist? Leute, die sich vor antirassistischen Gedanken fürchteten, machten aus Carmichaels Botschaft von Mut und Stärke gezielt eine rassistische Idee. Und wieder einmal standen Schwarze Anführer an den entgegengesetzten Enden eines Seils und kämpften wie bei einem Tauziehen um unterschiedliche Vorstellungen von Freiheit. Assimilationisten gegen Antirassisten.

Aber in der Schwarzen Gemeinschaft war eine Revolution entzündet worden. Und das bringt uns zur Black Panther Party. Die hat nichts mit dem *Black-Panther*-Film von Marvel zu tun *(Wakanda für immer!)*, sondern war eine Bewegung, eine Partei, die von Black Power angetrieben wurde. Huey Newton und Bobby Seale, Anführer der Black Panther Party, entwarfen eine Liste mit Zielen, um zu erklären, wofür sie im Namen der Schwarzen Bevölkerung kämpften. Zu diesen Zielen gehörten:

Ihr großes Ziel war es, das Überleben, den Erfolg und die Freiheit Schwarzer Menschen voranzubringen.

Ein Weg, wie sie das erreichen wollten, war ein kostenloses Frühstück für Kinder. Die Black Panther Party wollte nicht mehr mitansehen, wie Schwarze Menschen vom Staat vernachlässigt wurden, und kümmerte sich einfach selbst darum, dass Zehntausende hungriger Kinder etwas zu essen bekamen. Mithilfe von Spenden örtlicher Geschäfte und Supermärkte verteilten sie morgens vor der Schule in Kirchen und Gemeindehäusern ein Frühstück an die Kinder. *Eigenständigkeit* war ein wichtiges Schlagwort für die Black Panther Party – also, dass man sich auf die Hilfe und die Stärke innerhalb der Schwarzen Gemeinschaft verließ. Das kostenlose Frühstück der Black Panther wurde so beliebt, dass es die Regierung unter Druck setzte. Dadurch entstand schließlich ein staatliches Schulfrühstücksprogramm, das heute noch Millionen von Kindern in der Schule mit einem Frühstück versorgt.

18

Die Geschichte wiederholt sich

1968

Die Black Panther Party und die Black-Power-Bewegung wurden stärker und bekamen immer mehr Zulauf. Auch Angela Davis schloss sich der Bewegung an.

Selbst Dr. King, der immer wieder assimilationistische Gedanken vertreten hatte, machte irgendwann mit. Er setzte sich dafür ein, dass die Regierung endlich Gesetze verabschiedete, die armen Schwarzen Menschen, die durch den jahrhundertelangen Rassismus benachteiligt worden waren, bessere Jobs und Wohnungen zur Verfügung stellten. Die Black Panther hatten zum Teil ähnliche Ziele.

Gleichzeitig wuchsen die Wut und die Angst der Weißen. Und wieder ging die alte Strategie los, mithilfe von Geschichten rassistische Botschaften zu verbreiten. Diesmal mit einem neuen Film, der *Planet der Affen* hieß.

Und darum geht es darin:

1. Weiße Astronauten landen nach einer 2000 Jahre langen Reise auf einem Planeten.
2. Sie werden von Affen versklavt.
3. Wie sich herausstellt, sind sie gar nicht auf einem fernen Planeten. Sie sind auf der Erde.

[Kurze Pause]

Wisst ihr noch, wie Geschichten (sogar erfundene) sich festsetzen und wie rassistische Vorstellungen sich in uns verheddern können? Und wie Tiere benutzt werden, um rassistische Stereotype darzustellen? Zum Beispiel, indem man Schwarze Menschen mit Affen vergleicht?
Seht ihr, wie das alles zusammenpasst?

Mit *Tarzan* war die rassistische Überzeugung, dass die Weißen Menschen Afrika und die Afrikaner erobern müssten, auf die Leinwand gekommen. Mit *Planet der Affen* kam die rassistische Angst vor einer »dunklen« Welt, die sich gegen die Weißen Eroberer erhebt, in die Kinos. *Planet der Affen* war ein Kassenschlager. Wie *Tarzan* und *Die Geburt einer Nation* wurde er Teil der modernen Kultur. Er bestärkte Weiße Menschen darin, Angst zu haben und sich zu bewaffnen, und warnte Schwarze Menschen, immer »schön demütig zu bleiben«.

Die amerikanische Regierung half mit, diese Botschaft

zu verbreiten, indem sie behauptete, die Bürger (gemeint waren die *Weißen* Bürger) müssten vor den Black Panthern beschützt werden. Die Worte, mit denen die Regierung die Black Panther beschrieb, waren: *militant*, *radikal*, *gefährlich*.

Der Schlachtruf »Black Power« wurde als rassistischer Ausdruck dargestellt.

Und dann geschah eine weitere Tragödie. (SCHON WIEDER!)

Dr. Martin Luther King Jr. wurde ermordet.

Wieder wurden die Herzen und der Lebensmut der Schwarzen Amerikaner schwer getroffen. Aber nicht nur Amerika trauerte. Dr. King hatte eine der größten Bewegungen für Gleichberechtigung und Menschlichkeit angeführt, die es je gegeben hatte. Für sein mutiges gewaltfreies Engagement hatte er sogar den Friedensnobelpreis erhalten. Er war Menschen auf der ganzen Welt ein Vorbild gewesen.

Die ganze Welt weinte um ihn.

Nach Dr. Kings Tod versammelten sich die Menschen zu einer Demonstration, wie man sie noch nicht erlebt hatte, und Black Power entwickelte sich zu einer der größten antirassistischen Bewegungen, die es in Amerika je gegeben hatte.

SAY IT LOUD!
I'M BLACK AND I'M PROUD!

Im Jahr 1968 wurde in den USA der Song »Say it loud – I'm Black and I'm Proud« von James Brown zu einer Hymne, die Schwarze Menschen dazu inspirierte, sich wieder auf ihren Schwarzen Stolz zu besinnen.
Dunkle Haut und schwarze Haare wurden selbstbewusst als etwas Schönes gefeiert. Afrikanische Kleidung kam in Mode. Es gab eine große Nachfrage nach Black-Studies-Kursen an amerikanischen Universitäten und in Schulen. Antirassisten aller ethnischen Hintergründe und Volksgruppen schlossen sich dieser Bewegung an.
Die Black-Power-Bewegung war mächtig, aber nicht perfekt. Männer führten sie an, Frauen wurden in den Hintergrund gedrängt.
Aber Schwarze Frauen haben sich immer wieder erfolgreich dagegen gewehrt. Schwarze Frauen wie …

* **Fannie Lou Hamer**, eine Frauenrechtsaktivistin, die unermüdlich für Bürgerrechte, Wahlrecht und bessere wirtschaftliche Möglichkeiten für Schwarzen Menschen kämpfte.
* **Diane Nash**, Gründungsmitglied des SNCC, die überall im Süden Sit-ins in Restaurants organisierte und Freiheitsmärsche veranstaltete.
* **Angela Davis**, eine Aktivistin, Lehrerin und einflussreiche Fürsprecherin für politischen und gesellschaftlichen Wandel.

Auch wenn sie in den Hintergrund gedrängt wurden, führten Schwarze Frauen den Widerstand an. Und während die Bewegung größer wurde, fanden Frauen neue Wege, sich als Anführerinnen zu behaupten.

19

Der Antirassismus gewinnt an Einfluss

1968 – 1982

Der anhaltende Kampf für Bürgerrechte in den Vereinigten Staaten lenkte die Aufmerksamkeit der ganzen Welt auf das Land. Amerikanische Politiker nutzten weiterhin rassistische Überzeugungen, um Wählerstimmen zu gewinnen. Als zum Beispiel der republikanische Präsidentschaftskandidat Richard Nixon im Jahr 1968 in den Wahlkampf zog, versuchte er zu gewinnen, indem er Rassisten und Anhänger der Rassentrennung auf seine Seite zog. Doch mittlerweile war es nicht mehr ganz so einfach, rassistische Meinungen offen auszusprechen. Weil die ganze Welt auf die USA schaute. Und wie schaffte er es dann? Ganz einfach: durch Worte.

Nixon benutzte verschlüsselte Begriffe, die rassistische Überzeugungen verkörperten. Worte und Ausdrücke wie *Getto*, *unerwünscht* und *gefährliche Elemente*. Ohne je offen über Schwarze Menschen zu sprechen, konnte er anderen Weißen trotzdem seine rassistischen Überzeugungen übermitteln, weil diese genau wussten, wovon (und von wem) er redete. Außerdem benutzte er Worte, um die Proteste im Land schlechtzureden. Er stellte sie als gefährlich dar, um sie unterdrücken zu können. Sein Plan wurde die »südliche Strategie« genannt. Und er funktionierte.

Nixon gewann die Wahl.

In der Zwischenzeit nutzte auch Angela Davis Worte, um Antirassismus zu fördern und sich gegen Ungerechtigkeiten einzusetzen. Sie fing an, öffentlich über Schwarze Menschen zu sprechen, die ihrer Meinung nach zu Unrecht im Gefängnis saßen. Einige davon waren Black-Power-Aktivisten. Durch ihre Auftritte wurde die US-Regierung auf Davis aufmerksam und versuchte alles, um sie zum Schweigen zu bringen. Sie wurde sogar ins Gefängnis gesteckt, für ein Verbrechen, das sie gar nicht begangen hatte. Aber Davis hatte Jura studiert, und nun studierte sie die Akten ihres Falls. Nach eineinhalb Jahren Haft begann endlich ihre Gerichtsverhandlung. Sie verteidigte sich selbst.

Und Davis gewann!

Angela Davis kam wieder aus dem Gefängnis frei. Aber sie war nicht frei. Nicht wirklich. Als Antirassistin wusste sie, dass es nur dann echte Freiheit geben kann, wenn sie für alle gilt und nicht nur für eine oder einen. Und so kämpfte sie weiter dafür, dass alle Schwarzen Menschen frei werden konnten. Und dabei war sie nicht allein

Audre Lorde. Ntozake Shange. Alice Walker. Michele Wallace. Schwarze Feministinnen schrieben Gedichte, Geschichten und Bücher, um von ihren Erfahrungen zu berichten und dafür zu sorgen, dass sie gesehen, gehört und

nicht vergessen wurden. Mit ihren Werken wehrten sie sich gegen alle Versuche, Schwarze Frauen und die Schwarze LBGTQ+-Gemeinde zum Schweigen zu bringen.

Neben den Schriften der Schwarzen Feministinnen wurde damals noch eine andere wichtige Geschichte veröffentlicht. Sie war so aufsehenerregend, dass daraus sogar eine Mini-Serie im Fernsehen wurde. Alex Haleys Roman *Wurzeln – Roots* erzählt davon, wie Sklaverei wirklich war. Er widerlegt die rassistische Vorstellung, dass Schwarze Menschen deshalb versklavt wurden, weil sie weniger menschlich wären, und dass Weiße Sklavenhalter gütige Menschen seien. Sklaverei war grausam und unmenschlich. Punkt.

Durch Worte, Geschichten und Bücher breiteten sich antirassistische Überzeugungen immer weiter aus.

Aber auch rassistische Gedanken griffen immer mehr um sich.

20

Fight the Power – Gegen die Mächtigen

1971 – 1994

Zahlreiche amerikanische Politiker stellten fest, dass sie Erfolg hatten, wenn sie mithilfe von Rassismus auf Stimmenfang gingen und rassistische Gesetze und Maßnahmen unterstützten. Gesetze sind Regeln, an die man sich halten muss, weil man sonst bestraft wird. Politische Maßnahmen sind Praktiken und Verfahren, die beeinflussen, wie etwas gemacht wird. Die Gesetze und Maßnahmen dieser Politiker schufen RIESIGE Probleme für Schwarze Menschen.

Zum Beispiel:

* Der Krieg gegen die Drogen, der von Präsident Ronald Reagan angestoßen wurde. Obwohl Weiße Menschen und Schwarze Menschen gleich viele Drogen verkauften oder konsumierten, richteten sich die neuen Drogengesetze vor allem gegen Schwarze Menschen. Ein Gesetz führte zum Beispiel dazu, dass der Besitz einer *kleinen* Menge an Drogen, die häufiger

von Schwarzen konsumiert werden, strenger bestraft wurde als der Besitz einer *großen* Menge an Drogen, die häufiger von Weißen konsumiert werden. Das Ergebnis dieser neuen Maßnahme war, dass Millionen Schwarzer Amerikaner im Gefängnis landeten. Es war ein Krieg gegen Schwarze Menschen, und er zerstörte viele Schwarze Stadtviertel und Gemeinden.

* Präsidentschaftskandidat George H. W. Bush, der die Präsidentschaft gewann, indem er die rassistische Überzeugung ausnutzte, dass Schwarze Menschen eine Bedrohung wären.
* Ein Gesetz unter der Regierung von Bill Clinton, der sogenannte »Violent Crime Control and Law Enforcement Act«, legte fest, dass man nach einer dritten Verurteilung vor Gericht automatisch eine besonders schwere Strafe bekommen sollte. Das führte zu einem nie da gewesenen Anstieg an Gefängnisinsassen in Amerika. Hauptsächlich wegen geringfügiger Vergehen. Hauptsächlich Schwarze Männer. Was wiederum die rassistische Überzeugung, »Schwarze Menschen sind alle gewalttätig« und »Schwarze Menschen sind alle Verbrecher«, unterstützte.

[Kurze Pause]

Bestimmt wundert ihr euch mittlerweile über ein paar Dinge. Zum Beispiel, warum jemand, vor allem der Präsident der Vereinigten Staaten, so etwas tun würde? Ihr dürft nicht vergessen, dass dem Land schon seit seinen Anfängen rassistische Überzeugen eingebrannt worden waren. Und diese Überzeugungen haben sich eben auch in die Herzen und Köpfe der Menschen eingebrannt, die dieses Land regieren. Außerdem haben rassistische Überzeugungen den Weißen viele Privilegien und großen Wohlstand gebracht.

Und ihr fragt euch bestimmt auch, wie wir das stoppen können? Na ja, indem wir das tun, was ihr jetzt gerade macht. Wir können es stoppen, indem wir etwas über die Geschichte rassistischer Überzeugungen lernen. Indem wir die Muster rassistischen Denkens in der Vergangenheit erkennen und sie mit dem in Verbindung bringen, was in der Gegenwart passiert. Indem wir lesen, nachdenken und Fragen stellen. Und indem wir rassistischen Meinungen mit antirassistischen widersprechen. Indem wir rassistische Gesetze und Maßnahmen aufdecken. Indem wir es wagen, uns eine neue, antirassistische Zukunft vorzustellen.

Aber Schwarze Menschen kämpften wie immer weiter. Wehrten sich gegen den Hass. Und in dieser Zeit bekämpften sie den Rassismus …

mit einem Beat! Hip-Hop wurde zum Rhythmus für Veränderung und Ermutigung. Songs wie »Don't Believe the Hype« und »Fight the Power« von Public Enemy hatten Wirkung. Für junge Schwarze Menschen waren diese Worte nicht einfach nur Songtitel, sie waren Hymnen. Sie vermittelten ein Gefühl von Schwarzer Stärke und Stolz. Sie riefen Schwarze Menschen auf, sich gegen Rassismus und Unterdrückung zu wehren. Diese Songs waren ein Protest, eine mächtige Kritik am Mainstream-Amerika und eine Erinnerung daran, dass die Revolution für Freiheit noch lange nicht vorbei war.

Eine Rapperin wie Queen Latifah machte jungen Schwarzen Frauen mit ihrem millionenfach verkauften Album *All Hail the Queen* Mut. Ihr Song »Ladies First« handelte vom Selbstbewusstsein der Frauen. Darin setzte sie sich gegen die Unterdrücker zu Wehr, die Frauen kleinhalten wollten. Frauen wie Queen Latifah, MC Lyte und Salt-N-Pepa forderten ihren Platz auf der Hip-Hop-Bühne.

Hip-Hop richtete sich an eine neue Generation Schwarzer Jugendlicher, die frustriert über die rassistische Gewalt waren, die sie erlebten. So wie Rodney King, ein fünfundzwanzigjähriger Schwarzer, der in Los Angeles von Polizisten brutal zusammengeschlagen wurde. Es war natürlich nicht das erste Mal, dass eine Schwarze Person von der Polizei misshandelt wurde, aber es war eines der ersten Male, dass die Gewalttat auf Video aufgenommen (das war noch, bevor es Smartphones gab) und überall verbreitet wurde. Die Polizeibeamten wurden angeklagt, aber freigesprochen.

Schwarze Amerikaner waren wütend. Und traurig. So wütend und traurig, dass sie in mehreren Stadtvierteln von L. A. rebellierten und ihrem Frust freien Lauf ließen.

Stoppt Polizeigewalt!

Ohne Gerechtigkeit kein Frieden!

Gerechtigkeit
Rodney King!

Dr. King hatte mal gesagt: »Ein Aufstand ist die Sprache der Ungehörten.« Frustriert, wütend und von der Gesellschaft ignoriert, brannten Schwarze Menschen Geschäfte nieder und plünderten sie. Etwa Zehntausend Nationalgardisten wurden herbeigerufen, um die Rebellion niederzuschlagen.

Doch während Schwarze Menschen sich immer weiter wehrten, wurden noch mehr (irgendwie gibt es *immer* ein MEHR!) rassistische Gesetze und Maßnahmen erfunden, um eine neue Generation von Amerikanern davon zu überzeugen, dass Schwarze Menschen das Problem waren und nicht der Rassismus.

21

Ungleiche Tests

2002

Viele Jahre nachdem die Aufhebung der Rassentrennung gesetzlich verankert wurde (auf dem Papier, wenn auch nicht in der Praxis), fanden Rassisten einen neuen Weg, um öffentliche Bildung als Waffe einzusetzen: Durch die Einführung von standardisierten Tests. Ihr habt solche Tests vermutlich selbst auch schon mal gemacht. In Amerika müssen Kinder jedes Jahr solche Tests machen, vor allem an öffentlichen Schulen. Sie müssen kurze Aufsätze schreiben und die richtige Antwort A, B, C oder D ankreuzen, um Fragen zum Leseverständnis, Grammatik, Mathe und Naturwissenschaft zu beantworten.

Diese Tests sind »standardisiert«, das heißt, alle Kinder bekommen den gleichen Test vorgelegt, egal, wo sie wohnen oder auf welche Schule sie gehen. Und das ist auch der Grund, warum diese Tests so unfair sind.

Weil: Gleichheit und Gerechtigkeit sind zwei Worte, die ähnlich klingen. Trotzdem gibt es einen wichtigen Unterschied zwischen ihnen, vor allem, wenn es um Bildung geht. Gleichheit besagt, dass alle Kinder die gleichen Mittel zur Verfügung gestellt bekommen. Gerechtigkeit besagt, dass jedes Kind die Mittel zur Verfügung gestellt bekommt, die es für seine Entwicklung braucht.

Standardisierte Tests, die genau gleich an alle ausgegeben werden, sind also nicht gerecht.

Weil man bei der Erstellung dieser Tests nie jeden einzelnen Schüler mit seinen jeweiligen Bedürfnissen im Kopf hat.

Weil alle Schüler so behandelt werden, als wären sie gleich und hätten die gleichen Hilfsmittel zur Verfügung.

Doch die Testergebnisse in finanziell schlecht ausgestatteten Schulen, die hauptsächlich von Schwarzen Schülern besucht werden, sind natürlich niemals so gut wie die Ergebnisse von Schulen, wo die Schüler viele Hilfsmittel haben. Trotzdem wurden diese Ergebnisse benutzt, um das uralte rassistische Vorurteil zu untermauern, dass Schwarze Menschen nicht so klug wären wie Weiße. Dass Schwarze und Weiße Menschen also biologisch verschieden seien. Und Politiker fanden eine Menge Wege, diesen unfairen Tests noch mehr Bedeutung zu geben, indem sie festlegten, dass Schulen mit besseren Ergebnissen eine bessere Ausstattung bekamen.

Noch eine Möglichkeit, wie man dafür sorgt, dass Reiche noch reicher und Arme noch armer werden.

Und während die meisten Schwarzen und Braunen Schüler unter diesen Maßnahmen litten, behaupteten Assimilationisten und Anhänger der Rassentrennung auch noch, dass man den Rassismus nur überwinden könne, wenn man aufhöre, sich andauernd damit zu beschäftigen.

[Kurze Pause]

Der Gedanke, dass wir so tun sollten, als würden wir Rassismus NICHT sehen, ist eng mit der Vorstellung verbunden, dass wir so tun sollten, als würden wir Hautfarben NICHT sehen. Das nennt man Farbenblindheit. Aber damit ist nicht der medizinische Begriff gemeint, mit dem man beschreibt, dass manche Menschen nicht zwischen Rot und Grün unterscheiden können. Sondern die Art von Farbenblindheit, wo die Leute denken, es wäre besser so zu tun, als würden sie keine Unterschiede bei den Hautfarben erkennen. Hier sind ein paar Gründe, warum das FALSCH ist:

* Das ist doch lächerlich! Hautfarbe ist etwas, das wir alle klar und deutlich sehen können.

* Man tut so, als würde man *dunkle* Hautfarbe nicht sehen. Und das wiederum verstärkt die Vorstellung, dass Schwarze Haut schlecht ist.

* Wenn die Leute keine Farbe sehen, sehen sie auch keinen Rassismus.

Wenn man also keine Lust hat, den Rassismus wirklich zu bekämpfen, ist es ziemlich bequem, so zu tun, als würde man keine Farben sehen.

Ein Gesetz der Regierung von George W. Bush (dem Sohn von Präsident George H. W. Bush) zur Verbesserung öffentlicher Schulen mit dem schönen Titel »Kein-Kind-wird-zurückgelassen«-Gesetz, sorgte in Wirklichkeit dafür, dass ziemlich viele Kinder zurückgelassen wurden. Und zwar Schwarze Kinder. Denn das Gesetz schrieb vor, den Schulen, wo die Schüler keine Verbesserungen bei den standardisierten Tests vorweisen konnten, die Mittel zu kürzen. Dabei litten Schulen, die hauptsächlich von Schwarzen Schülern besucht wurden, sowieso schon unter Geldmangel und hatten eine viel schlechtere Ausstattung als Schulen mit vorwiegend Weißen Schülern. Wieder mal verstärkten politische Maßnahmen wie dieses Gesetz die rassistische Überzeugung, dass Schwarze Menschen – Schwarze Kinder – das Problem wären. Und nicht die rassistische Politik.

22

Ein Schwarzer Präsident

2005 – 2008

Trotz allem ließ sich die antirassistische Welle in den USA nicht aufhalten. Amerikanische Aktivisten und Aktivistinnen wie Angela Davis besuchten eine wichtige Konferenz mit Teilnehmern aus aller Welt und vernetzten sich mit Leuten aus anderen Ländern. Die Konferenz sollte zum Startpunkt einer globalen antirassistischen Bewegung werden. Und die Teilnehmer trugen dieses antirassistische Feuer mit in ihre Heimatländer. Zurück nach Senegal. In die Vereinigten Staaten. Nach Japan. Nach Brasilien. Nach Frankreich. In die ganze Welt.

Da stürmte ein neuer Schwarzer politischer Anführer auf die amerikanische Bühne. Und könnt ihr raten, was passiert ist? Er wurde sofort wieder als eine Ausnahme hingestellt. Erinnert ihr euch noch daran, dass die Rassisten damals einfach nicht glauben wollten, wie klug und kreativ ein Schwarzes Mädchen wie die Dichterin Phillis Wheatley sein konnte? Dass sie sich von ihr abwandten und sich weigerten, ihre Gedichte zu veröffentlichen? Und erinnert ihr euch noch, wie Du Bois am Anfang noch glaubte, nur ein paar Afroamerikaner, das Talentierte Zehntel, wären für das Studium an einer Universität und Führungsaufgaben geeignet?

Also, im Jahr 2005 und damit fast 250 Jahre nachdem Rassisten versuchten, Phillis Wheatley als Ausnahme abzutun, wurde Barack Obama zur neuen »außergewöhnlichen« Schwarzen Person auserkoren. Er wurde als fünfter Afroamerikaner zum Senator gewählt und saß in diesen vier Jahren als einziger Schwarzer im Senat. Trotzdem wurde sein Erfolg als Symbol für ein »post-rassistisches« Amerika gefeiert – als Beweis, dass die lange Geschichte von Rassismus im Land beendet wäre. Dass es keinen Rassismus mehr geben würde.

[Kurze Pause]

Einzelne Schwarze Menschen als Symbole zu verwenden, war schon immer ein beliebtes Mittel, um zu behaupten, sie seien »außergewöhnlich« und »besonders«. Gleichzeitig wird damit nämlich auch behauptet, sie seien »anders« und »besser« als »normale« Schwarze Menschen. Sie hätten es »überwunden«, Schwarz zu sein. Letztlich wird damit also gesagt, dass das Schwarzsein das Problem sei und nicht der Rassismus. Weiße Menschen weigerten sich zu glauben, dass alle Schwarzen Menschen so klug sein könnten wie Phillis Wheatley. Für sie war klar, dass Phillis »außergewöhnlich« sein müsse.

Schwarze Menschen werden auch in anderer Weise als Symbole benutzt. Weiße Menschen, die abstreiten wollen, dass es Rassismus immer noch gibt, nehmen gerne den Erfolg von ein paar wenigen Schwarzen, so wie Oprah Winfrey, Michael Jordan und Barack Obama, als Beweis. Sie tun so, als wären die paar wenigen erfolgreichen Schwarzen Figuren in einer erfundenen Geschichte, die in einem Land spielt, wo »Rasse« keine Bedeutung hat.

Für einen vollständigen Bericht über die Fortschritte von Schwarzen Menschen in den Vereinigten Staaten muss man die ganze Gruppe betrachten, nicht nur ein paar Einzelpersonen. Und man muss sich sämtliche gesellschaftlichen Bereiche im Land anschauen – Bildung, Wohnungswesen und Arbeitsmarkt –, um festzustellen, ob sie für alle Menschen funktionieren und nicht nur für ein paar wenige. Man darf nicht nach irgendwelchen einfachen Ausreden suchen, um abzustreiten, dass Rassismus immer noch weit verbreitet ist. Stattdessen muss man die Arbeit von Antirassisten unterstützen, um sicherzustellen, dass es Freiheit und Gleichheit für alle gibt.

Eine Naturkatastrophe bewies jedoch sehr deutlich, wie verbreitet der Rassismus nach wie vor ist. Im Sommer 2005 schlug Hurrikan Katrina zu und überflutete die Küstenregion am Golf von Mexiko. Mehr als 1800 Menschen verloren ihr Leben, Millionen waren gezwungen, ihre Heimat zu verlassen, und die Sachschäden beliefen sich auf viele Milliarden Dollar. Selbst in einem »farbenblinden« Amerika, in dem Weiße Menschen behaupteten, es sei besser, »Rasse« NICHT zu sehen, war es schwierig, NICHT zu sehen, wie sehr der Rassismus weiterhin zerstörte und wütete. Ihr fragt euch jetzt vielleicht, was ein Hurrikan mit Rassismus zu tun hat? Schließlich kann niemand Mutter Natur kontrollieren, oder? Ja … das stimmt natürlich. Aber was man kontrollieren *kann*, ist, wie man auf so eine Naturkatastrophe reagiert. Politische Maßnahmen und Entscheidungen stehen sehr wohl unter menschlicher Kontrolle.

Jahrelang hatten Wissenschaftler und Journalisten davor gewarnt, dass der Süden von Louisiana, eine Region, in der sehr viele Schwarze Menschen lebten, in großer Gefahr wäre, wenn ein großer Wirbelsturm auf diese Gegend treffen würde. Trotzdem tat niemand etwas. Und als Hurrikan Katrina dann zuschlug, reagierte die Bush-Regierung viel zu spät auf diese Naturkatastrophe, was verheerende Auswirkungen auf die Leben der armen Schwarzen Bevölkerung in der Region hatte.

Zwei Jahre später gab Barack Obama seine Präsidentschaftskandidatur bekannt. Rassisten versuchten, Barack und seine Frau Michelle niederzumachen. Sie wurden als unpatriotisch bezeichnet, weil sie offen und ehrlich über Rassismus in Amerika sprachen oder mit Leuten in Verbindung standen, die das taten. Politische Gegner benutzten eine verschlüsselte Sprache und rassistische Metaphern, um die Obamas und ihre Leistungen kleinzumachen. Sogar Obamas Herkunft wurde angezweifelt, eine Strategie, die von Donald Trump noch befeuert wurde (der später ebenfalls Präsident werden sollte). Trump, der damals noch Geschäftsmann war, nutzte seinen Einfluss und sein Geld dazu, die rassistische Überzeugung zu verbreiten, dass jemand mit dem Namen Barack Obama kein Bürger der Vereinigten Staaten von Amerika sein könne. Wegen dieser rassistischen Behauptungen stand Obama so unter Druck, dass er schließlich seine Geburtsurkunde vorzeigen musste, um seine Staatsbürgerschaft zu beweisen. Bei einem Weißen Kandidaten wäre so etwas undenkbar gewesen.

Am 4. November 2008 gab Angela Davis, die erst kurz zuvor als Professorin in den Ruhestand gegangen war, ihre Stimme für Barack Obama ab, so wie ungefähr 69,5 Millionen Amerikaner. Und er gewann. Der erste Schwarze Präsident der USA!

Als Obama zum vierundvierzigsten Präsidenten des Landes gewählt wurde, brach überall in Amerika und in der antirassistischen Welt große Freude aus. Die Menschen tanzten auf den Straßen. Die Wahlhelfer an der Basis hatten Erfolg gehabt. Sie hatten den Leuten, die nicht daran glaubten, dass ein Schwarzer zum Präsidenten gewählt werden könnte, gezeigt, dass sie sich irrten. Die Menschen freuten sich und waren sehr stolz über diesen Sieg für Schwarze Menschen. Und sie feierten das antirassistische Potenzial, das sie sich vom ersten Schwarzen Präsidenten des Landes erhofften.

23

Eine antirassistische Bewegung

2009 – 2015

Für viele Menschen war Präsident Obama ein Symbol der Hoffnung und des Fortschritts. Aber mittlerweile wisst ihr ja, dass Menschen meistens zwei Seiten haben (wie ich die ganze Zeit schon gesagt habe). Menschen können kompliziert und widersprüchlich sein (auch das habe ich ja schon erwähnt). Und wie andere amerikanische Anführer vor ihm, zum Beispiel Frederick Douglass, Abraham Lincoln, W. E. B. Du Bois oder Booker T. Washington, hatte auch Barack Obama Momente, in denen er antirassistische Überzeugungen vertrat. Aber wenn er unter Druck stand, fiel auch er auf assimilationistische Denkweisen zurück. Und wie bei anderen Schwarzen Anführern vor ihm funktionierte die Assimilation auch diesmal nicht.

Rassisten arbeiteten unermüdlich daran, Obama niederzumachen und in Verruf zu bringen. Sie bombardierten ihn und Schwarze Menschen im Allgemeinen mit Beleidigungen. Rassistische Politiker und Medienleute verbreiteten rassistische Überzeugungen und Stereotype. Sie wollten ihn kleinmachen. Ihn »in seine Schranken weisen«.

Und immer noch starben Schwarze Menschen. (Erkennt ihr das Muster?)

Aiyana Jones. Trayvon Martin. Tamir Rice. Michael Brown. Schwarze Kinder verloren ihr Leben durch Polizeibeamte und Leute, für die Schwarze Leben nicht zählten. Schwarze Menschen verloren ihr Leben durch Polizeibeamte und Weiße Menschen, die nur selten dafür bestraft wurden. Und genau wie in anderen Phasen der amerikanischen Rassismus-Geschichte begannen Antirassisten, sich zu wehren. Ein Mal. Zwei Mal. Oder drei, vier, fünf Mal.

Schwarze Frauen wie Alicia Garza, Patrisse Cullors und Opal Tometi. Sie starteten nicht nur einen Hashtag, #BlackLivesMatter, sie starteten eine Bewegung.

#BlackLivesMatter war eine direkte Reaktion auf Polizeigewalt. Es war ein Schlachtruf, eine Liebeserklärung, die den Köpfen und Herzen dreier Schwarzer Amerikanerinnen entsprang, von denen zwei lesbisch sind. Es war ein Aufruf an alle, dass wir uns als *echte* Antirassisten gegen sämtliche Ungerechtigkeiten dieser Welt zur Wehr setzen müssen, gegen Sexismus, Homophobie, Colorism und Klassenschranken, die neben dem Rassismus vielen Schwarzen die Leben schwer machen.

Im Jahr 2014 sprang Black Lives Matter aus den sozialen Medien auf Protestschilder über und wurde zu einem Protestruf bei antirassistischen Demonstrationen im ganzen Land. Die Demonstranten protestierten gegen die seit Jahrhunderten verbreitete rassistische Überzeugung, dass Schwarze Leben nichts zählen. #BlackLivesMatter verwandelte sich von einer antirassistischen Liebeserklärung in eine antirassistische Bewegung. Eine Bewegung von jungen Menschen, die sich in örtlichen BLM-Gruppen im ganzen Land engagierten, oft angeführt von jungen Schwarzen Frauen. Gemeinsam kämpften diese Aktivisten und Aktivistinnen gegen Diskriminierung in allen Formen und allen Bereichen der Gesellschaft.

Und als Reaktion auf diejenigen Leute, die so taten, als würden nur männliche Schwarze Leben zählen, forderten antirassistische Feministinnen lautstark von der amerikanischen Gesellschaft, unter dem Hashtag #SayHerName auch die Frauen zu berücksichtigen, die von den brutalen Auswirkungen des Rassismus betroffen waren. Diese Aktivistinnen der neuen Generation sind die antirassistischen

Nachfolgerinnen von Angela Davis und starke Symbole der Hoffnung.

Schwarze Leben zählen

Wie viele noch?

Es hätte mein Kind sein können!!!

Genug ist genug! #blacklivesmatter

24

Schwarze Leben zählen

2016 – 2020

Im Jahr 2016 schockierte der Wahlkampf zwischen Hillary Clinton und Donald Trump um das Weiße Haus Millionen von Menschen in den USA und auf der Welt. Bei den Präsidentschaftswahlkämpfen in der Vergangenheit hatten die Kandidaten häufig das Gefühl gehabt, sie könnten ihre rassistischen Überzeugungen nicht offen vertreten und müssten eine verschlüsselte Sprache verwenden. Doch Trump tat genau das Gegenteil. Das ganze Land konnte hören, wie er seine rassistischen Ansichten über Mexikaner und Muslime verbreitete. Er warb überall für rassistische Überzeugungen, aber behauptete, wenn er damit konfrontiert wurde, einfach immer, er sei kein Rassist.

Und es funktionierte.

Er gewann.

Eilig führte Trump zahlreiche rassistische Maßnahmen und Vorschriften ein. Beim Thema Einwanderung zum Beispiel. Menschen, die seit Jahren in den Vereinigten Staaten lebten, wurden Hals über Kopf zurück in ihre Geburtsländer geschickt und waren gezwungen, Familie und

Kinder zurückzulassen. Auch die Obama-Regierung und die Präsidenten davor hatten Familien zurück in die Länder verfrachtet, die sie auf der Suche nach einem besseren Leben in den USA verlassen hatten. Doch unter Trumps Regierung wurden unzählige Familien an der mexikanischen Grenze auseinandergerissen. Kinder wurden von ihren Eltern getrennt und in Metallkäfige gesperrt, wo sie warten mussten, bis entschieden war, was mit ihnen geschehen sollte. An Flughäfen wurden amerikanische Bürger muslimischen Glaubens aufgehalten und manchmal sogar daran gehindert, in die USA einzureisen. Weiße Einwanderer aus vorwiegend Weißen Ländern hatten eine solche Diskriminierung und Bestrafung dagegen nicht zu befürchten.

Diese Maßnahmen ermutigten viele Trump-Unterstützer und stachelten sie zu schlimmen Gewalttaten an. Zum Beispiel in Charlottesville in Virginia. Dort versammelten sich 2017 Hunderte Weißer Rassisten, um gegen die Entfernung einer Konföderierten-Statue zu protestieren. Gewalt brach aus. Eine Person wurde getötet, viele weitere verletzt. Aber Trump weigerte sich, diese Demonstration und die Taten der Weißen Rassisten zu kritisieren.

Und dann 2020. Eine weltweite Pandemie brach aus. Das Corona-Virus kostete mehreren Hunderttausend Amerikanern das Leben. Auch für diese Katastrophe war der gesellschaftliche Rassismus mitverantwortlich. Trumps verspätete Reaktion auf die Corona-Pandemie führte dazu, dass Schwarze, Menschen lateinamerikanischer Herkunft und amerikanische Ureinwohner zu einem höheren Prozentsatz erkrankten und starben als Weiße. Ein fehlender oder eingeschränkter Zugang zum Gesundheitswesen führte dazu, dass viele Menschen nicht die medizinische Hilfe bekamen, die sie gebraucht hätten. Viele Schwarze Angestellte wurden als »systemrelevante« Arbeitskräfte eingestuft und mussten sich der Gefahr durch das Virus aussetzen, um ihre Jobs nicht zu verlieren, während Leute in besser bezahlten Berufen sicher geschützt zu Hause im Homeoffice saßen. Der Handel und die Wirtschaft litten. Viele Menschen verloren ihre Arbeit. Anstatt zur Schule zu gehen und mit anderen Schülern und Lehrern im Klassenzimmer zu sitzen, mussten die Kinder digital von zu Hause aus lernen.

Doch das war nicht die einzige Pest, die im Land wütete und Schwarze Menschen tötete.

Ahmaud Arbery wurde beim Joggen von Weißen Männern gejagt und erschossen. Breonna Taylor wurde in ihrer eigenen Wohnung von Polizisten erschossen. Und dann George Floyd. Getötet vor Kameras von einem Weißen Polizisten. Sein Tod war der Zündfunke für einen Aufschrei der Wut, befeuert von dem Frust über die vielen Schwarzen Menschen, die vor ihm getötet worden waren.

Und wieder leisteten Antirassisten Widerstand.

Die Black-Lives-Matter-Bewegung reagierte und demonstrierte; sie verlangte Gerechtigkeit für die Schwarzen Männer und Frauen, deren Leben durch Polizeigewalt beendet wurden. Diesmal breiteten sich die Proteste und Aufstände nicht nur in den USA aus, sondern auf der ganzen Welt. Menschen organisierten, protestierten und kämpften. Im Namen der Freiheit. Die Proteste führten auf breiter Front dazu, dass Personen und Organisationen versprachen, etwas zu ändern.

Die Black-Lives-Matter-Bewegung von heute hat ihre Wurzeln in der Black-Power- und den Bürgerrechtsbewegungen der Vergangenheit.

Menschen. Die für Gesetze kämpfen, die allen Menschen nützen.

Menschen. Die kämpfen, dass diese Gesetze auch befolgt werden.

Menschen. Die organisieren, protestieren, arbeiten und kämpfen. Im Namen der Freiheit.

Denn Gesetze allein waren noch nie mächtig genug, um Freiheit für alle zu ermöglichen – es sind die Menschen, die einen dauerhaften Wandel bewirken.

Inmitten der weltweiten Pandemie im Jahr 2020 fand in den Vereinigten Staaten erneut eine Präsidentschaftswahl statt. Joe Biden, der unter Präsident Obama Vizepräsident gewesen war, kandidierte für das Präsidentenamt. Und seine Vizepräsidentin sollte eine Frau werden. Eine Amerikanerin mit indischen und Schwarzen Wurzeln, deren Eltern beide Einwanderer gewesen waren: Kamala Harris.

Wieder konnten Amerikaner ihre Stimme für den Präsidenten der Vereinigten Staaten abgeben. Schwarze Wähler mobilisierten sich, und Millionen Amerikaner stimmten für Frieden und Freiheit ab.

Biden und Harris gewannen! Es war ein historischer

Sag ihren Nam

Sieg für die Vereinigten Staaten, und die Bemühungen und Aktionen Schwarzer Menschen, vor allem Schwarzer Frauen, haben dazu einen wichtigen Beitrag geleistet. Die erste weibliche Vizepräsidentin, eine Frau mit Schwarzen und südasiatischen Vorfahren, Teil eines Teams, das Donald Trump besiegte, der immer wieder Rassismus und Weißes Überlegenheitsdenken unterstützt hatte. Dieser Sieg mag ein Schritt in eine antirassistische Richtung gewesen sein, aber vor uns liegt immer noch ein langer Weg.

Denkt daran, dieses Buch handelt nicht nur von der Vergangenheit. Es handelt auch von der Gegenwart, vom Hier und Jetzt. Von unserem Alltag. Es soll uns helfen zu verstehen, wie die Geschichte des Rassismus damals in Europa und in den Vereinigten Staaten anfing. Es soll uns helfen, über uns nachzudenken und zu verstehen, dass Freiheit und Gerechtigkeit Dinge sind, für die man fortwährend kämpfen muss. Es liegt jetzt an uns, das fortzuführen. Vielleicht habt ihr von diesem Buch ein paar Dinge gelernt, die dazu führen, dass ihr euer Leben ein bisschen anders seht. Vielleicht habt ihr von Menschen und Ereignissen erfahren, über die ihr noch viel mehr wissen wollt. Deshalb ist dieses Buch ein Anfang und kein Ende – lest weiter, lernt weiter und

**sprecht weiter
über diese komische Erfindung
namens »Rasse« und
über Rassismus.**

Von Anfang an waren rassistische Überzeugungen in die Vereinigten Staaten eingebrannt worden – in die Verfassung, die Gesetze, die politischen Maßnahmen, in das Handeln und Denken von Befürwortern der Rassentrennung und Assimilationisten. Aber Antirassisten kämpfen unermüdlich dagegen an und helfen uns dabei, antirassistische Überzeugungen anzunehmen und sie zu benutzen, um die Menschen besser zu machen. Um Potenzial in Stärke zu verwandeln. Menschen wie Angela Davis. Patrisse Cullors. Und vielleicht auch du und ich.

Eine antirassistische Zukunft

Liebe Leserinnen, liebe Leser,

wie geht es euch?

Ich hoffe, ihr habt einige Antworten gefunden, nachdem ihr dieses Buch gelesen habt. Ich hoffe, euch ist klar geworden, wie das Konstrukt von »Rasse« immer schon verwendet wurde, um Macht zu bekommen und zu behalten. Wie es benutzt wurde, um Bedingungen zu schaffen, die uns voneinander trennen und zum Schweigen bringen. Damit der Ball der Weißen und Reichen mit ihren Privilegien immer schön weiterrollt. Und ich hoffe, es ist klar geworden, dass dieses Konstrukt nicht in die Menschen eingebrannt ist, sondern in die Politik, der die Menschen folgen und die sie für die Wahrheit halten.

In die Gesetze also, die Schwarze von Freiheit ferngehalten haben, vom Wahlrecht, von Bildung, von anständigen Wohnungen, von der Gesundheitsversorgung, vom Einkaufen, vom Spazierengehen, vom Autofahren, vom … Atmen.

In die Gesetze, die Schwarze Menschen wie Tiere behandeln.

Denn genau so funktioniert Rassismus. Und es braucht

nur die richtige Art von Medien – Geschichten, Filme, Nachrichtensendungen –, um eine solche Entwicklung anzustoßen. Und sie immer weiter am Laufen zu halten. Und ein riesengroßes wirres Schlamassel daraus zu machen. Genau das zeigt uns die Vergangenheit. Man braucht nur einen Roman auf eine bestimmte Weise zu erzählen. Einen Film zu machen, der dich als Helden darstellt. Genug Leute auf deine Seite zu bringen, die dir sagen, dass du recht hast. Auch wenn du *nicht* recht hast. Aber wenn du lange genug hörst, dass du im Recht bist, und wenn dieses Recht dir ein schönes, privilegiertes Leben verschafft, tust du irgendwann alles, dass niemand sagen kann, du wärst nicht im Recht.

Dann tust du sogar so, als wären Menschen keine Menschen.

Von Azurara zu Harriet Beecher Stowe. Sojourner Truth zu Audre Lorde. Ida B. Wells-Barnett zu Zora Neale Hurston. Frederick Douglass zu Marcus Garvey. *Tarzan* zum *Planet der Affen*. Public Enemy zu Queen Latifah. Langston Hughes zu James Baldwin. Thomas Jefferson zu William Lloyd Garrison. W. E. B. Du Bois zu Angela Davis.

Menschen mit rassistischen Überzeugungen. Menschen mit antirassistischen Überzeugungen.

Und ihr, liebe Leser? Wollt ihr Segregationisten (Hater) werden, Assimilationisten (Feiglinge) oder Antirassisten (Leute, die wirklich lieben)? Die Entscheidung liegt bei euch.

Einfach tief einatmen. Luft holen. Den Atem anhalten. Und langsam ausatmen:

JETZT

Aber ich muss euch warnen.

Einfach nur zu scrollen wird nicht ausreichen.

Etwas zu teilen wird nicht ausreichen.

Ein Hashtag wird nicht ausreichen.

Weil der Hass es immer irgendwie schafft, uns davon zu überzeugen, dass das Halbe schon das Ganze ist. Damit meine ich, dass wir alle eine bloße Selbstdarstellung ablehnen und aktive Mitwirkung fordern müssen. Wir müssen Mitwirkende sein. Aktiv sein. Wir müssen Spieler auf dem Platz sein, in der Halle, in unseren Klassenzimmern und Gemeinden, und versuchen, das Richtige zu *tun*. Weil es eine ganze Hand braucht – manchmal sogar beide Hände –, um den Hass zu fassen zu kriegen. Nicht nur einen Daumen, der auf dem Display herumtippt, und einen Zeigefinger, der scrollt.

Aber ich muss euch noch mal warnen:

Das, was wir nicht kennen, können wir auch nicht bekämpfen.

Das wäre gefährlich. Und [illegible] dumm. Es wäre so, als würde man versuchen, einen Baum von der Krone her zu fällen. Wenn wir verstehen wollen, wie der Baum aufgebaut ist, dass Stamm und Wurzeln die Stellen sind, wo die Macht liegt, und dass wir die Schwerkraft auf unserer Seite haben, dann können wir ihn angreifen, jeder von uns, mit kleinen Äxten, und das Aussehen des Waldes ändern.

Deshalb sollten wir so viel wie möglich über den Rassismus-Baum erfahren. Über seine Wurzeln. Seine Früchte. Seine Säfte und den Stamm. Die Nester, die im Lauf der Zeit darin gebaut wurden, die Blattwechsel, die aufeinanderfolgten. Auf diese Weise kann eure Generation es endlich schaffen, ihn klein zu hacken.

Zeittafel

mit den entscheidenden Momenten der amerikanischen Geschichte

1452 Gomes Eanes de Azurara bekommt den Auftrag, eine Biografie über das Leben und den Sklavenhandel von Prinz Heinrich von Portugal zu schreiben.

1619 Die San Juan Bautista, ein Schiff mit sechzig versklavten Afrikanern an Bord, landet am Ufer von Jamestown, Virginia.

1633 John Cotton, ein puritanischer Priester, trifft in Boston, Massachusetts, ein.

1635 Richard Mather, ein puritanischer Priester, trifft in Boston, Massachusetts, ein.

1688 Eine religiöse Gruppe, die Mennoniten in Germantown, Pennsylvania, bringt eine Petition gegen Sklaverei in Umlauf.

1773 Phillis Wheatleys Buch mit Gedichten wird veröffentlicht.

1775 Der Unabhängigkeitskrieg geht los.

1776 Die Unabhängigkeitserklärung wird unterzeichnet.

1787 Beim Verfassungskonvent einigt man sich auf den Großen Kompromiss und den Drei-Fünftel-Kompromiss.

1800 Gabriel Prosser, ein versklavter Schmied, plant einen Aufstand in Virginia. Nachdem zwei Sklaven den Behörden von Prossers Plänen erzählt haben, endet die Rebellion, noch bevor sie beginnen kann.

1801 Thomas Jefferson wird Präsident.

1804 Versklavte Afrikaner und ihre Nachkommen erkämpfen sich in Haiti in der haitianischen Revolution die Unabhängigkeit von Frankreich.

1829 Der Abolitionist David Walker schreibt und verteilt *An Appeal to the Colored Citizens of the World* (Aufruf an die farbigen Bürger der Welt).

1831 Nat Turner, ein versklavter Priester, führt einen Aufstand in Virginia an.
Der Abolitionist William Lloyd Garrison bringt eine Wochenzeitung gegen die Sklaverei heraus, den *Liberator*.

1845 *Sklaverei und Freiheit:* Die Autobiografie von Frederick Douglass wird veröffentlicht.

1850 *The Narrative of Sojourner Truth* (Die Geschichte von Sojourner Truth) wird veröffentlicht.
Ein Gesetz, der Fugitive Slave Act, bestimmt, dass Sklaven zu ihren Sklavenhaltern zurückgebracht werden müssen.

1852 *Onkel Toms Hütte* von Harriet Beecher Stowe wird veröffentlicht.

1860 Abraham Lincoln wird zum Präsidenten der Vereinigten Staaten gewählt.

1861 Der amerikanische Bürgerkrieg zwischen dem Norden (der Union) und dem Süden (der Konföderation) geht los.

1863 Die Emanzipationserklärung, die Präsident Lincoln erlässt, gibt allen versklavten Menschen in den Gebieten der Konföderation die Freiheit.

1892 Ida B. Wells-Barnett veröffentlicht ihre Streitschrift *Southern Horrors: Lynch Law in all its Phases* (Schreckenstaten im Süden: Lynchjustiz in all ihren Phasen).

1901 *Vom Sklaven empor* von Booker T. Washington wird veröffentlicht.

1903 *Die Seelen der Schwarzen* von W. E. B. Du Bois wird veröffentlicht.

1909 Die National Association for the Advancement of Colored People (Nationale Organisation zur Förderung Schwarzer Menschen), kurz NAACP, wird von W. E. B. Du Bois, Ida B. Wells-Barnett und anderen Schwarzen und Weißen Aktivistinnen und Aktivisten gegründet.

1911 Der Anthropologe Franz Boas veröffentlicht sein Buch *The Mind of Primitive Man*, eine Reihe von Aufsätzen über Kultur und Rasse.

1912 *Tarzan, Herr der Affen* von Edgar Rice Burroughs wird veröffentlicht.

1914 Marcus Garvey gründet die Universal Negro Improvement Association (UNIA).
Der Erste Weltkrieg geht los.

1915 Der erste abendfüllende Spielfilm Amerikas, *Die Geburt einer Nation*, kommt in die Kinos.

1916 Die Massenmigration beginnt, eine Zeit, in der Afroamerikaner in Scharen aus dem Süden in die Städte des Nordens ziehen, auf der Suche nach besseren Lebensbedingungen.

1920 Im New Yorker Stadtteil Harlem entsteht die Harlem-Renaissance, eine afroamerikanische intellektuelle, literarische, künstlerische und kulturelle Bewegung.
Der 19. Verfassungszusatz gibt amerikanischen Frauen das Wahlrecht.

1926 *The Weary Blues* erscheint, eine Gedichtsammlung von Langston Hughes, einem Vertreter der Harlem-Renaissance.

1945 Im englischen Manchester kommt der 5. Panafrikanische Kongress zusammen, organisiert von W. E. B. Du Bois.

1948 Der Oberste Gerichtshof der USA entscheidet im Fall Shelley gegen Kraemer, dass rassistische Diskriminierung bei Immobilienverkäufen verfassungswidrig ist.

1954 Der Oberste Gerichtshof der USA entscheidet im Fall Brown gegen die Schulbehörde, dass Rassentrennung an öffentlichen Schulen verfassungswidrig ist.
Die Bürgerrechtsbewegung entsteht.

1955 Der vierzehnjährige Emmett Till wird in Mississippi ermordet.

1960 Ella Baker, eine Aktivistin der gewaltfreien Studentenorganisation SNCC, und andere junge Schwarze Studenten starten Sit-ins, um gegen die Rassentrennung in Restaurants und anderen öffentlichen Orten zu protestieren.
Ruby Bridges ist die erste afroamerikanische Schülerin an einer Weißen Schule in New Orleans, Louisiana.

1963 Dr. Martin Luther King Jr., ein Anführer der Bürgerrechtsbewegung, hält seine »Ich habe einen Traum«-Rede beim Marsch für Arbeit und Freiheit in Washington.
Vier junge Mädchen werden bei einem Bombenanschlag auf eine Baptistenkirche in Birmingham, Alabama, getötet: Addie Mae Collins, Cynthia Wesley, Carole Robertson und Carol Denise McNair.

1964 Das Bürgerrechtsgesetz wird verabschiedet.

1965 Malcolm X, Bürgerrechts- und Menschenrechtsaktivist, wird wenige Monate vor dem Erscheinen seiner Autobiografie ermordet.
Das Wahlrechtsgesetz wird verabschiedet.

1966 Stokely Carmichael wird Vorsitzender des SNCC.
Bobby Seale und Huey Newton gründen die Black Panther Party für Selbstverteidigung.

1968 Der erste *Planet-der-Affen*-Film kommt in die Kinos.
Reverend Dr. Martin Luther King Jr. wird ermordet.
Der Song »Say It Loud – I'm Black and I'm Proud« von James Brown, dem Godfather des Soul, kommt heraus.
Der republikanische Kandidat Richard Nixon wird zum Präsidenten gewählt.

1971 Angela Davis bringt ein Buch über den Rassismus in der amerikanischen Justiz heraus: *If They Come in the Morning: Voices of Resistance*, mit Beiträgen von zahlreichen anderen Aktivistinnen und Aktivisten.

1977 Alex Healeys Buch *Wurzeln – Roots* wird als Mini-Serie im Fernsehen ausgestrahlt.

1980 Der Republikaner Ronald Reagan wird zum amerikanischen Präsidenten gewählt.

1989 Hip-Hop-Künstler wie Public Enemy und Queen Latifah kritisieren die amerikanische Mainstream-Kultur und machen Schwarzen Jugendlichen mit ihrer Musik Mut.

1992 In Los Angeles kommt es zu Unruhen, nachdem die Polizeibeamten, die Rodney King brutal zusammengeschlagen haben, freigesprochen werden.
Der Demokrat Bill Clinton wird zum Präsidenten gewählt

1994 Die antirassistische Professorin und Aktivistin Angela Davis spricht bei einer Konferenz über Schwarze Frauen in der Wissenschaft darüber, wie wichtig es ist, Schwarze Frauen an den Universitäten zu unterstützen.

2000 Der Republikaner George W. Bush wird zum amerikanischen Präsidenten gewählt.

2001 Die Weltkonferenz gegen Rassismus, rassistische Diskriminierung, Fremdenfeindlichkeit und Intoleranz findet statt.
Am 11. September werden das World Trade Center in New York und das Pentagon in Washington Ziel eines Terrorangriffs. Donald Trump nutzt diesen Angriff später, als er Präsident ist, als Rechtfertigung für einen Erlass, der Menschen aus mehreren muslimischen Staaten die Einreise in die USA verwehrt.

2002 Das »Kein-Kind-wird-zurückgelassen«-Gesetz wird verabschiedet, und staatlich vorgeschriebene standardisierte Tests werden ausgeweitet.

2005 Hurrikan Katrina verwüstet die arme, größtenteils von Schwarzen bewohnte Region in Süd-Louisiana. Mehr als 1800 Menschen sterben.

2008 Der Demokrat Barack Obama wird zum ersten afroamerikanischen Präsidenten der USA gewählt.

2013 Die Black-Lives-Matter-Bewegung wird von Alicia Garza, Patrisse Cullors und Opal Tometi mitbegründet.

2016 Der Republikaner Donald Trump wird zum amerikanischen Präsidenten gewählt.

2017 Weiße Nationalisten demonstrieren in Charlottesville, Virginia.

2020 Das Corona-Virus löst eine weltweite Pandemie aus. BLM-Proteste und Revolten fegen durch das Land und die Welt, nachdem George Floyd und Breonna Taylor von Weißen Polizisten ermordet werden.
Der Demokrat Joe Biden wird zum amerikanischen Präsidenten gewählt. Kamala Harris wird als erste Frau und als erste Person mit Schwarzen und indischen Wurzeln zur Vizepräsidentin gewählt.

Glossar

ANTIRASSIST: Jemand, der die Überzeugung vertritt, dass ethnische Gruppen gleichberechtigt sind, und der politische und gesellschaftliche Maßnahmen unterstützt, die rassistische Ungleichheit verringern.

ASSIMILATIONIST: Jemand, der die rassistische Überzeugung vertritt, dass eine ethnische Gruppe kulturell oder von ihrem Verhalten her minderwertig ist, und der daran glaubt, dass diese ethnische Gruppe besser werden kann, wenn sie sich wie eine andere ethnische Gruppe verhält.

ATTENTAT: Überraschender und tödlicher Angriff aus dem Hinterhalt auf eine oder mehrere Personen aus politischen oder religiösen Motiven.

BEFREIUNG: Wenn man nicht länger eingesperrt, versklavt oder unterdrückt wird.

BLACKFACING: Wenn Weiße Schauspieler sich das Gesicht schwarz anmalen, um Schwarze Menschen übertrieben darzustellen und sich über sie lustig zu machen.

BÜRGER: Juristisch anerkannte Einwohner eines bestimmten Staates oder einer Staatengemeinschaft.

COLORISM: Vorurteile oder Diskriminierung innerhalb einer ethnischen Gruppe gegenüber Personen, die eine dunklere Haut haben, zugunsten von denen mit hellerer Haut.

DISKRIMINIERUNG: Ungerechte Behandlung oder Benachteiligung von Menschen aufgrund bestimmter Merkmale ihrer Identität.

FARBENBLIND: Die Vorstellung, dass jemand keine ethnischen Unterschiede »sieht« und deshalb keine rassistischen Vorurteile hat.

FEMINIST/FEMINISTIN: Jemand, der an die soziale, wirtschaftliche und politische Gleichberechtigung von Frauen und Männern glaubt.

FLÜCHTLING: Ein Mensch, der von einem Land in ein anderes flieht.

GERECHTIGKEIT: Wenn etwas nach den Regeln des Gesetzes fair ist.

GESETZ: Ein System aus Vorschriften, die ein bestimmtes Land oder eine Gemeinschaft anerkennen und durchsetzen.

GETTO: Ein Teil der Stadt, der allgemein als unerwünscht betrachtet wird und von Menschen bewohnt wird, die von gesellschaftlichen, gesetzlichen und wirtschaftlichen Verhältnissen häufig benachteiligt werden.

GLEICHBERECHTIGUNG: Der Zustand, gleich zu sein, vor allem was Status, Rechte und Möglichkeiten angeht.

GLEICHHEIT: Gerechtigkeit, Freiheit von Vorurteilen.

IDENTITÄT: Die Eigenschaften, die Menschen ausmachen, wie sie über sich denken und wie sie von der Welt gesehen werden.

IMMIGRATION: Wenn man dauerhaft von einem Land in ein anderes zieht.

INTEGRIEREN: Die Rassentrennung von Menschen in Institutionen und in der Gesellschaft beenden, indem man ehemals getrennte Gruppen zusammenbringt.

KOLONIALISMUS: Wenn ein Land oder eine Region die Macht über ein anderes Land und seine Bürger an sich reißt und über diese herrscht.

KONVERTIEREN: Wenn jemand seinen Glauben oder seine religiösen Überzeugungen ändert.

LYNCHEN: Jemanden hinrichten, meistens durch Erhängen, ohne eine Gerichtsverhandlung.

MENSCHLICHKEIT: Mitfühlendes Verhalten gegenüber allen Menschen.

MINDERWERTIG: Weniger wichtig oder weniger wert sein.

MISSIONAR: Eine Person, die mit einer religiösen Mission in einem anderen Land unterwegs ist, meistens um das Christentum zu verbreiten.

PANDEMIE: Ein weit verbreitetes Problem, meistens eine Krankheit, das in großen Teilen der Erde vorkommt.

POLITIK: Ein Prinzip oder eine Handlungsweise, das oder die von einer Regierung, einem Unternehmen oder einer Person vorgeschlagen oder befolgt wird.

POLITIKER/POLITIKERIN: Jemand, der oder die professionell Politik betreibt, zum Beispiel ein Kandidat oder eine Kandidatin für ein gewähltes Amt.

POST-RASSISTISCH: Eine Zeit oder eine Gesellschaft, in der es keine rassistischen Vorurteile oder Diskriminierung mehr gibt.

PRIVILEG: Ein Vorteil, Nutzen oder die Sicherheit, der oder die nur einer bestimmten Person oder Gruppe verfügbar ist.

PROTESTE: Wenn man seine Kritik oder seine Beschwerden lautstark äußert oder dagegen vorgeht.

RADIKAL: Jemand, der einen umfassenden politischen oder gesellschaftlichen Wandel fordert.

RASSE: Eine erfundene Definition, um eine Gruppe von Menschen zu beschreiben, die ein spezielles körperliches Merkmal gemeinsam haben, zum Beispiel die Hautfarbe.

RASSIST: Jemand, der rassistische Maßnahmen durch das, was er tut oder nicht tut, unterstützt oder rassistische Überzeugungen vertritt.

REBELLION: Sich gewaltsam von einer Macht oder einer Autorität lossagen oder sich dagegen auflehnen.

RENAISSANCE: Eine Bewegung oder Periode geistiger und künstlerischer Weiterentwicklung.

REPRÄSENTATION: Für jemand anderen sprechen oder handeln; die Beschreibung oder die Darstellung von jemandem oder etwas auf eine bestimmte Art und Weise.

SEGREGATION: Rassentrennung – die diskriminierende Trennung von Gruppen von Menschen aufgrund von ethnischer Zugehörigkeit oder gesellschaftlicher Stellung.

SEGREGATIONIST: Jemand, der die Überzeugung vertritt, dass eine ethnische Gruppe minderwertig ist, und Maßnahmen unterstützt, die die Gruppen getrennt halten.

SELBSTVERANTWORTUNG: Wenn man seine eigenen Kräfte und seine eigenen Mittel einsetzt, anstatt sich auf die von anderen zu verlassen.

SKLAVEREI: Die Praxis, Menschen zu besitzen und wie Eigentum zu behandeln und sie in Gefangenschaft zu halten.

STANDARDISIERT: Etwas, das einer bestimmten Vorstellung entspricht, die von einer Obrigkeit festgelegt wurde und als Maßstab oder Norm benutzt wird, um zu bewerten.

STEREOTYP: Ein weit verbreitetes Urteil und vereinfachtes Bild oder Vorstellung von einer bestimmten Art von Personen oder Dingen.

ÜBERLEGENHEITSDENKEN: Wenn man sich für besser hält als andere Menschen.

UNGERECHTIGKEIT: Fehlen von Fairness und Gerechtigkeit. Wenn etwas unfair ist.

UNGLEICHHEIT: Ungleiche Verteilung von Mitteln und Möglichkeiten.

UNMENSCHLICH: Grausam sein; Mangel an mitmenschlichen Eigenschaften wie Mitgefühl, Freundlichkeit und Güte.

UNTERDRÜCKUNG: Anhaltende grausame oder ungerechte Behandlung oder Herrschaft.

VERFASSUNGSWIDRIG: Eine Handlung, die sich gegen die Verfassung oder die Regierung eines Landes richtet.

VERSKLAVEN: Jemanden zum Sklaven machen.

WIDERSTAND LEISTEN: Gegen die Macht oder die Auswirkungen von etwas ankämpfen; stark bleiben.

WILD: Ungezähmt, primitiv

Lektüretipps

BILDERBÜCHER

Jordan Akpojaro und Katie Daynes: *Erstes Aufklappen und Verstehen: Was ist Rassismus?* Illustriert von Sandhya Prabhat. Aus dem Englischen von Andrea Reinacher, Usborne Publishing, Regensburg 2022.

Karin Beese: *Nelly und die Berlinchen: Rettung auf dem Spielplatz.* Illustriert von Mathilde Rousseau, HaWandel Verlag, Berlin 2019.

Lisbeth Kaiser: *Little People, Big Dreams: Maya Angelou.* Illustriert von Leire Salaberria. Aus dem Englischen von Svenja Becker, Insel Verlag, Berlin 2020.

Lisbeth Kaiser: *Little People, Big Dreams: Rosa Parks.* Illustriert von Marta Antelo. Aus dem Englischen von Svenja Becker, Insel Verlag, Berlin 2021.

Laura Kieblspeck, Tamara Stangl und Tatjana Eckerlein: *Es ist schön, dass du hier bist! Zusammen sind wir bunt.* Illustriert von Tamara Stangl, Scholastika Verlag, Stuttgart 2017.

Constanze von Kitzing: *Ich bin anders als du – Ich bin wie du.* Erhältlich in verschiedenen Sprachen, ein Wendebuch, Carlsen Verlag, Hamburg 2019.

Dayan Kodua und Jando: *Odo.* Illustriert von Robby Krüger, Gratitude Verlag, Hamburg 2019.

Jessica Love: *Julian ist eine Meerjungfrau.* Aus dem Englischen von Tatjana Kröll, Knesebeck, München 2020.

Lupita Nyong'o: *Sulwe.* Illustriert von Vashti Harrison. Übersetzt von Maisha Maureen Auma, Mentor Verlag, Berlin 2021.

Peter H. Reynolds: *Trau dich, sag was!* Aus dem Englischen von Stephanie Menge, Fischer Sauerländer, Frankfurt 2020.

María Isabel Sánchez Vegara: *Little People, Big Dreams: Harriet Tubman.* Illustriert von Pili Aguado. Aus dem Spanischen von Svenja Becker, Insel Verlag, Berlin 2021.

María Isabel Sánchez Vegara: *Little People, Big Dreams: Martin Luther King.* Illustriert von Mai Ly Degnan. Aus dem Spanischen von Svenja Becker, Insel Verlag, Berlin 2020.

Peter Spier: *Menschen.* Thienemann Verlag, Stuttgart 2021.

Louise Spilsbury: *Wie ist es, wenn man anders ist? Alles über kleine und große Ungerechtigkeiten.* Illustriert von Hanane Kai. Aus dem Englischen von Jonas Bedford-Strohm, Gabriel, Stuttgart 2019.

BÜCHER FÜR DAS GRUNDSCHULALTER

Nick Ackland: *Total Genial! Martin Luther King*. Illustriert von Angie Alape Perez, National Geographic Kids. White Star Verlag, Wiesbaden 2022.

Josephine Apraku und Jule Bönkost: *Rassismus geht uns alle an*. Illustriert von Meikey To, Carlsen, Hamburg 2022.

Olaolu Fajembola und Tebogo Nimindé-Dundadengar: *Gib mir mal die Hautfarbe. Mit Kindern über Rassismus sprechen*. Beltz, Weinheim und Basel 2021.

Eleonora Fornasari: *10 Ideen für mehr Toleranz*. Illustriert von Clarissa Corradin. Aus dem Italienischen von Claudia Theis-Passaro, White Star Verlag, Wiesbaden 2022.

Fabrizio Silei: *Der Bus von Rosa Parks*. Illustriert von Maurizio A. C. Quarello. Aus dem Italienischen von Sarah Pasquay, Jacoby und Stuart, Berlin 2021.

FÜR KINDER AB 10 JAHREN

Marguerite Abouet und Mathieu Sapin: *Akissi: Auf die Katzen, fertig, los!* Aus dem Französischen von Ulrich Pröfrock, Reprodukt, Berlin 2018.

Tiffany Jewell: *Das Buch vom Antirassismus: 20 Lektionen, um Rassismus zu verstehen und zu bekämpfen*. Illustriert von Aurélia Durand. Aus dem Englischen von Elvira Willems, Zuckersüß Verlag, Berlin 2020.

Sabine Priess: *Klar bin ich von hier!: Was ein schwarzer Junge in Deutschland erlebt.* Illustriert von Hélène Baum, Edition Riedenburg, Salzburg 2020.

Lilly Workneh (Hg.): *Good Night Stories for Rebel Girls: 100 Lebensgeschichten Schwarzer Frauen.* Illustriert von 60 Künstlerinnen aus aller Welt. Aus dem Englischen von Marion Kraft, Hanser Verlag, München 2021.

JUGENDBÜCHER

Amina Bile, Sofia Nesrine Srour und Nancy Herz: *Schamlos.* Aus dem Norwegischen von Maike Dörries, Gabriel Verlag, Stuttgart 2019.

Nancy J. Della: *Das Wort, das Bauchschmerzen macht.* Illustriert von Rina Rosentreter, edition assemblage, Münster 2014.

Maika Moulite und Maritza Moulite: *One of The Good Ones. Dies ist unsere Geschichte.* Aus dem Englischen von Silvia Kinkel und Constanze Wehnes, Loewe, Bindlach 2021.

Barack Obama: *Ein amerikanischer Traum – Neu erzählt für junge Leserinnen und Leser: Die Geschichte meiner Herkunft, meiner Familie und meiner Identität.* Aus dem Englischen von Katja Hald und Matthias Fienbork, Hanser, München 2022.

Michelle Obama: *Becoming – Erzählt für die nächste Generation.* Aus dem Englischen von Heike Brillmann-Ede, Harriet Fricke, Tanja Handels, Elke Link, Kristin Lohmann, Andrea O'Brien, Jan Schönherr und Henriette Zeltner-Shane, cbj, München 2021.

Jason Reynolds und Ibram X. Kendi: *Stamped – Rassismus und Antirassismus in Amerika.* Aus dem Englischen von Anja Hansen-Schmidt und Heike Schlatterer, dtv Reihe Hanser, München 2021.

Jason Reynolds und Brendan Kiely: *Nichts ist okay: Zwei Seiten einer Geschichte.* Aus dem Englischen von Klaus Fritz und Anja Hansen-Schmidt, dtv Reihe Hanser, München 2018.

Nic Stone: *Dear Martin.* Aus dem Englischen von Karsten Singelmann, Rowohlt Taschenbuch, Reinbek bei Hamburg 2018.

Angie Thomas: *The Hate You Give.* Aus dem Englischen von Henriette Zeltner-Shane, cbt, München 2018.

Dank

Wenn ich darüber nachdenke, wie erfüllt mein Leben doch ist, steigt große Dankbarkeit in mir auf. Und es gibt so vieles, wofür ich dankbar bin, und so viele, denen ich zu danken habe.

Ich bin Jason Reynolds und Ibram X. Kendi sehr dankbar, weil sie beide so kluge Menschen sind und mich eingeladen haben, diese Adaption von »Stamped. Rassismus und Antirassismus in Amerika« zu schreiben. Euer Vertrauen, dass es mir gelingt, dieses Werk für jüngere Leser zugänglich zu machen, ehrt mich zutiefst. Und ich bin dem Team bei Little, Brown Books for Young Readers sehr dankbar für die Unterstützung und die Ratschläge.

Frank, ich bin so froh, dass ich es war, die du als Erstes auf den Stufen der McEwen Hall gesehen hast. Danke für deine Liebe und deinen Glauben an mich. Imani, du bist der größte Segen meines Lebens. Und ich bin sehr dankbar für meinen Stamm, die Gruppe von Leuten, die mich unterstützen. Edward, Mary, Eddie, ihr seid meine Säulen. Colleen Cruz, Carolyn Denton, Tricia Ebarvia, Shana Franzin, Amanda Hartman, Portia James und Dana Johansen, ihr seid meine Anker.

Ganz besonders möchte ich drei jungen Lesern danken,

die eine frühe Fassung gelesen und mir wertvolles Feedback gegeben haben: Ella Cherry, Aidan H. und Dahlia Tomei. Ihr verkörpert die Weisheit, von der Audre Lorde spricht, wenn sie sagt: »Es sind nicht unsere Unterschiede, die uns trennen. Es ist unsere Unfähigkeit, diese Unterschiede zu erkennen, zu akzeptieren und zu feiern.« Ich wünsche mir, dass ihr und alle Kinder, die dieses Buch lesen, uns weiterhin den Weg weist.

SONJA CHERRY-PAUL

© Nathan Bajar

JASON REYNOLDS studierte Literaturwissenschaften an der University of Maryland. Seine Bücher sind in den USA nicht nur Bestseller, sondern wurden von der Presse hochgelobt und mehrfach ausgezeichnet. In Amerika gehört er zu den Stars der Jugendbuchszene. Sein Kinderroman ›Ghost‹ wurde in Deutschland mit dem Luchs des Jahres der *ZEIT* und Radio Bremen ausgezeichnet. Mit ›Long Way Down‹ war er 2020 für den Deutschen Jugendliteraturpreis nominiert. Jason Reynolds lebt in Washington, D. C.

© Stephen Voss

IBRAM X. KENDI, geboren 1982 in New York, ist Gründungsdirektor des Antiracist Research and Policy Center, Professor für Geschichte und Internationale Beziehungen und hat die renommierte Andrew-W.-Mellon-Professur in the Humanities an der Boston University inne, die als besondere Auszeichnung für akademische und gesellschaftliche Leistung gilt. Für sein Buch ›Gebrandmarkt. Die wahre Geschichte des Rassismus in Amerika‹ erhielt er 2016 den National Book Award. Auch sein Buch ›How to Be an Antiracist‹ stand wochenlang auf der New-York-Times-Bestsellerliste auf Platz 1.

SONJA CHERRY-PAUL ist Pädagogin, Autorin und Mitbegründerin des Institute for Racial Equity in Literacy. Sie ist Direktorin für Vielfalt und Chancengleichheit am Teachers College Reading and Writing Project der Columbia University. Sie hält Vorträge auf Bildungskonferenzen und arbeitet mit Pädagogen auf der ganzen Welt zusammen, um ihnen eine professionelle Entwicklung im Bereich des antirassistischen Lese- und Schreibunterrichts zu ermöglichen.

RACHELLE BAKER stammt aus Detroit, Michigan. Als Künstlerin hat sie zahlreiche Buchcover gestaltet. Ihre Arbeiten wurden u. a. in der *New York Times*, dem *New York Magazine*, *Netflix* und *Entertainment Weekly* veröffentlicht.